南葵音楽文庫案内

案内

紀州徳川400年

和歌山県教育委員会 編

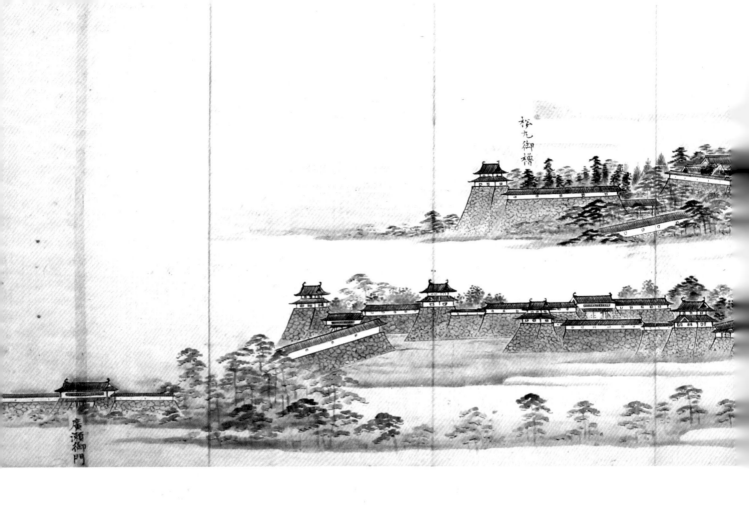

目次　CONTENTS

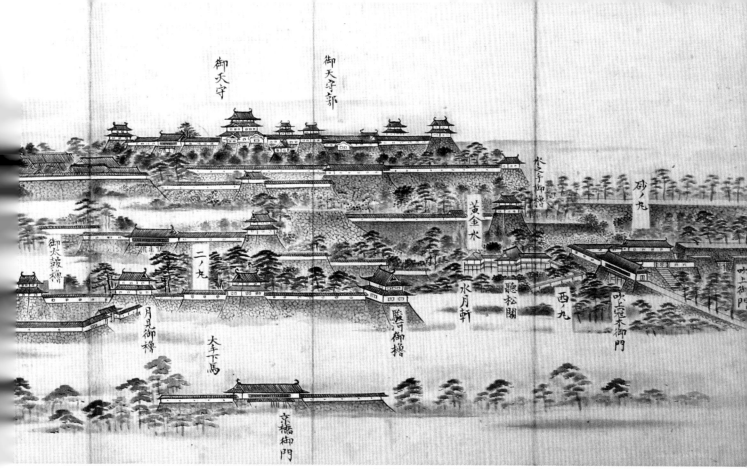

「東北の方より遥か御城を望むの図」　和歌山県立図書館蔵（南葵文庫旧蔵）

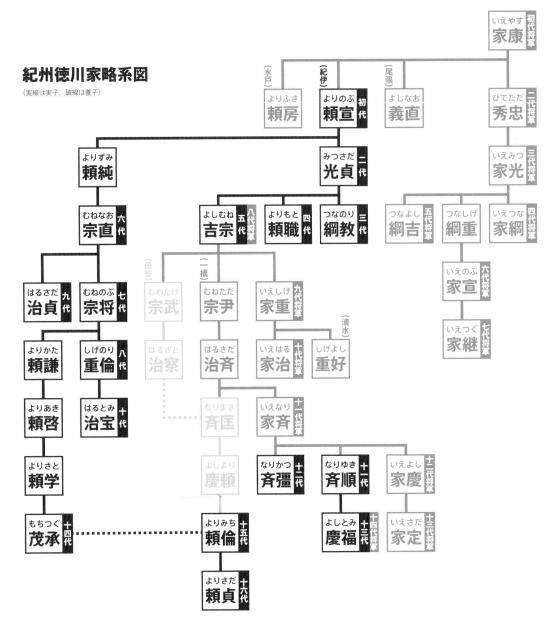

紀州徳川家略系図

(実線は実子、破線は養子)

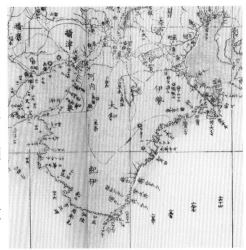

勝海舟『大日本沿海略図』(部分) 木版、1867年
イギリスの軍艦による日本沿岸測量を中止させるため、1861年に幕府が提供した伊能忠敬の日本図の写しをもとに、イギリスで水深を加筆して出版された「日本と朝鮮近傍の沿海図」(1863年)を、海軍操練所を設けた勝海舟が1867(慶応3)年に翻訳刊行した。江戸時代に刊行された日本地図のなかで、もっとも正確な形をしている。

紀州藩領

　紀州藩は、高野山領をのぞく紀伊国(37万4000石)に加え、伊勢国の南部(伊勢神宮域などを除く、18万石)を、大和国内にも1000石を領した。

　紀州藩には幕府から「付家老」が付され、紀伊国の新宮に水野家、田辺に安藤家が配された。伊勢国内には、松坂領・白子領・田丸領の三領があり、紀伊国の「紀州領」に対し、「勢州領」あるいは「勢州三領」と呼ばれた。

　松阪は、藩都和歌山や伊勢神宮に通じる街道の要衝で、松坂城を擁し、勢州領統治の要であった。白子は江戸との海上交易の基点として栄えた。

第1章　紀州徳川　文化を極めて400年

南葵音楽文庫の礎が置かれてから100年。紀州徳川文化の淵源はさらに300年さかのぼる。1616年、徳川家康が薨去すると、駿府城に残された莫大な遺産は、城内にいた頼宣（駿河家）らに分与された。3年後、その「駿府御分物」を携えて頼宣は和歌山城に入った。歴代の藩主は、文化を先導し、ときには自らその粋を極めた。紀州徳川による文化貢献の血脈を辿ってみよう。

和歌浦図
和歌三神・藤代・和歌浦図写より
狩野探幽の作品（1663年、個人蔵）の、おそらく鍛冶橋狩野家の探淵守真実（1805-1853）による模写。和歌山県立博物館蔵。

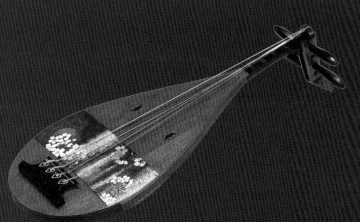

琵琶　銘「花月」
（660-670年頃）
徳川治宝蒐集楽器のひとつ。
夜桜の絵は徳川治宝による。
国立歴史民俗博物館蔵。

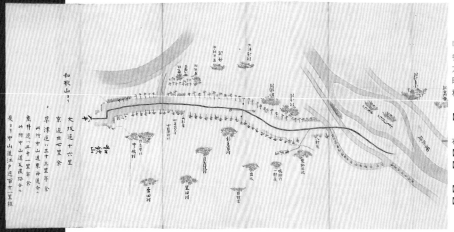

『道中記』
参勤交代の行程を詳細に描いた図。
方位や途中の橋（板橋、石橋など）、
町の戸数などが記載されている。
和歌山県立図書館蔵（南葵文庫旧蔵）

【左】和歌山の東

右ページ
【左上】岸和田近辺
【右上】大坂城付近
　　　　堺筋から大坂城の北側を通った。
【左下】箱根の関所近辺
【右下】品川〜芝札辻
　　　　札の辻（現在の田町駅）から江戸
　　　　各所への方角と距離を示している。

1585 （天正13）秀吉、根来・雑賀衆を破り、根来寺等焼失。太田城が落城。和歌山城の築城開始。

1600 （慶長5）浅野幸長が和歌山へ入国。根来寺の再建を徳川家康が許可。

1619 （元和5）徳川頼宣、紀伊国と伊勢松坂等を賜り紀州藩主となる。

1620 （元和6）和歌浦に東照宮の建設始まる。翌年完成。頼宣が家康由来の太刀等奉納。

1637 （寛永14）儒者の那波活所（1595-1648）、頼宣のもとめで『人君明暗図説』著す。

1640 （寛永17）和歌山城下に町奉行を置く。城下町の整備進む。

1660 （万治3）頼宣が李梅渓による『父母状』を領地内に配布。

1666 （寛文6）頼宣が長保寺を紀州徳川家の菩提所と定める。

1698 （元禄11）紀伊国屋文左衛門、材木により巨額の利益を得る。

1705 （宝永2）徳川頼方、第5代の紀州藩主となって吉宗と改名。

1709 （宝永6）操芝居禁止。

1713 （正徳3）湊の御用屋敷に講釈所を開設。

1716 （享保元）吉宗が第8代将軍に就く。

1723 （享保8）諸役所が手形、帳面を高野紙使用とする。

1728 （享保13）領内で踊り流行、見物人多く禁止に。

1734 （享保19）歌舞伎・操芝居許可、賑わう。

1735 （享保20）新雑賀町船場へ常設芝居小屋できる。

1750 （寛延3）池大雅が文人画家祇園南海のもとを訪れ教えを請う。

1751 （寛延4）徳川宗直が学頭制度復活、根来寺の蓮華院、律乗院が学頭に。

1765 （明和2）徳川重倫、この頃根来寺に能面を奉納。

1789 （寛政元）徳川治宝が第10代の紀州藩主となる。

1790 （寛政2）文人画家桑山玉洲が画論『画苑鄙言』『玉洲画趣』を著す。

1791 （寛政3）講釈所を改修増築して学習館とする。

1792 （寛政4）医学館開設。

1794 （寛政6）本居宣長が松坂から和歌山に向かい、『源氏物語』などを進講する。

1798 （寛政10）宣長『古事記伝』執筆を終業。

1804 （文化元）華岡青洲が世界初の全身麻酔手術に成功。松坂に松阪学問所開設。

1806 （文化3）仁井田好古、宣長の養子の本居大平ら『紀伊続風土記』新撰を命じられる。節倹のため芝居等禁止。

1809 （文化6）本居大平が和歌山に移り住み、藩主と本居家との関係密接に。

1811 （文化8）七代目帯屋伊兵衛（高市志友）による『紀伊国名所図会』の刊行開始。

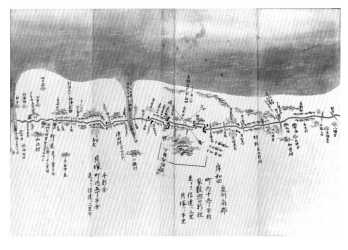

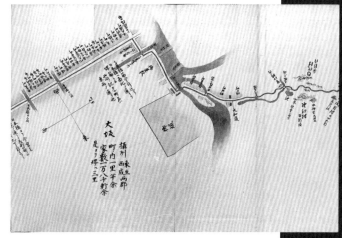

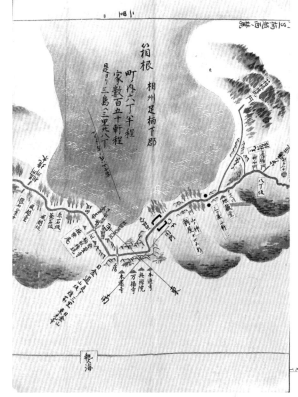

徳川治宝隠居し、西浜御殿に移る。（文政7）**1824**

男山陶器製造場設立。（文政10）**1827**

西浜御殿に大奥造営。（天保4）**1833**

仁井田好古『紀伊続風土記』を完成。（天保12）**1841**

不老橋完成。（嘉永3）**1850**

『紀伊国名所図会』の後編（嘉永4）**1851**

（加納諸平・神野易興編）刊行、完結。

外国船の和歌山近海への来航。以降頻発。（嘉永7）**1854**

和歌山国学所開設。岡山文武場開設。（安政3）**1856**

徳川慶福が家茂と改名、第14代将軍に就く。（安政5）**1858**

浜口梧陵が広村堤防を築く。

徳川茂承が第二次長州征討の監督になる。（慶応元）**1865**

津田出が藩政改革を提案。翌年罷免。（慶応2）**1866**

藩政改革、津田出執政に就任。（明治2）**1869**

版籍奉還。徳川茂承が知藩事に。

洋学所「共立学舎」開設。（明治3）**1870**

廃藩置県。新宮、田辺を廃し（明治4）**1871**

和歌山に合一、茂承は東京在住に。

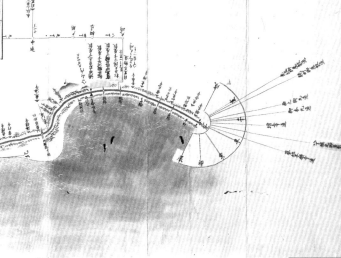

🎴和歌山づくり、始まる

初代の藩主、徳川頼宣が入城した1619年、「和歌山」はまだ若い名前でした。724年、聖武天皇に随行した歌人の山部赤人は「若の浦」と記し（『万葉集』）、やがて玉津島神社の祭神になぞらえて、平安時代には「和歌の浦」に。さらに4世紀を経て、紀州を平定した羽柴秀吉は、新たな築城の地である岡山を、「和歌の浦」に因み「和歌山」としました。それから34年、18歳の頼宣による和歌山づくりが始まります。

紀州東照宮

徳川頼宣肖像　長保寺蔵
徳川家康の十男である頼宣（1602-1671）は駿府城で父と共に幼少期を過ごし、紀州入国後はおよそ50年の長きにわたり紀伊国を治めた。

『東照宮縁起絵巻』（紀州本）より「和歌祭」
住吉広通（如慶）筆　1646年　紀州東照宮蔵
紀州東照宮は頼宣入城翌年の1620年起工、翌年竣工し遷宮。紀州転封前、駿府城の頼宣（当時は頼将）は、家康一周忌にあわせ急ピッチで進められた日光東照宮建立にかかわり、正遷宮式にも参列した経験を持っていた。頼宣は家康の三十回忌にあたり絵巻を作成、紀州東照宮に奉納した。この場面は紀州東照宮の春の祭礼である和歌祭で、おそらく1645年の祭礼を描いたものであろう。

太刀　銘：安綱　附：糸巻太刀拵
紀州東照宮蔵　国指定重要文化財
頼宣は東照宮ができると、分与された家康ゆかりの品を奉納した。家康の五十回忌にあたる1665年には、家康が用いていた太刀を、鞘や柄を新たにつくり奉納、紀州徳川家の繁栄と武運が久しいことを願った。太刀は12世紀に活動した優れた刀工安綱による。

長保寺　『紀伊国名所図会』より
一条天皇の勅願により1000（長保2）年草創という古刹。いずれも14世紀にさかのぼる3棟の国宝建築がある。1666年、頼宣により紀州徳川家の菩提寺を請われた。境内には歴代藩主らの墓所が並び、紀州徳川家所縁の文化財を多数伝えている。

頼宣は、秀吉による紀州攻めで焼き討ちにあった多くの社寺の復興に尽力。続く藩主もそれに倣い、和歌山づくりでも社寺は新しく大きな役割を果たすことになる。

歌人に崇拝されてきた玉津島神社、人形供養で知られた淡島神社（和歌山市加太）、岩出神社（現：大宮神社、岩出市）、広八幡神社（広川町）、明恵上人所縁の施無畏寺（湯浅町）、多数の文化財を持つ浄妙寺、須佐神社（ともに有田市）、熊野古道の五体王子に数えられる切目王子、発心門王子など、紀州藩主の庇護・支援を受けた社寺は藩内に広がる。

▲広八幡神社
◀根来寺大伝法堂

▲粉河寺山門
扁額は徳川治宝筆

和歌山古屋敷絵図
和歌山県立図書館蔵
紀州藩主たちは、藩内の人材を登用し、文化基盤（製紙、工芸など）、社会基盤（潅漑、水田、城下町など）の整備に力を注いだ。17世紀半ばの絵図には、城内二の丸に付け家老や重臣の屋敷が配され、整然と区画整理された城外に武家屋敷等が並んでいる様子が示されている。

柳宗悦『手仕事の日本』より

和歌山は名君徳川頼宣が出て栄えた都でありますから、ここでも様々な手仕事が保護されたに違いありません。しかし今はその面影がないほど工業の地となってしまいました。捺染物や綿ネルやまた家具の如きも、産額は大きなものでありますが商品に止まるというだけであります。それより黒江町の漆器や内海町の番傘の方が記録されてよいでありましょう。後者は「八丁傘」の名で通っております。その辺より南は紀州蜜柑の本場であります。

根来寺の「根来塗」は昔の物語りになりました。しかしこれを試みる者が何処かに絶えないのは、塗として一つの型をなすからでありましょう。粉河寺のある粉河では、よい団扇を作ります。渋色をしたおとなしい形のものであります。片隅に押してある老舗「ひしや」の印に気附かれるでしょう。これらの団扇は使い工合が頃合で、どの家庭にも薦めたい品であります。

真言宗の霊場、紀州の高野山は誰も知らぬ人はありません。ですがその麓にある村の古沢や河根などで漉かれる「高野紙」もこの寺につれて記憶されねばなりません。厚みのあるよい紙であって味い深いものであります。この山寺の町で作られるもので特色があるのは、棕櫚で拵えたお櫃入であります。他では見ることがありません。

山間の東牟婁郡請川村は曲物で色々土地のものを作ります。檜や杉に恵まれているからであります。「やろ」とか「わっぱ」とかいう言葉を聞かれるでしょう。「やろ」は薬籠、「わっぱ」は弁当箱であります。

柳 宗悦（1889-1961）
民藝運動を主唱。名前はしばしば「そうえつ」と読まれ、「Soetsu」と欧文表記される。『手仕事の日本』(1948年刊)は1940年前後の状況を記している。

藩主の嗜み：絵ごころ

歴代の藩主は、絵師を抱え、城内を飾り、邸内を描かせました。谷文晁も江戸赤坂邸内を淡彩ながら仔細に描いています。藩主自身が著名な絵師を召し出して、絵を学んだこともあります。藩主の絵ごころを受け、花鳥などを描く家臣らもあらわれました。

徳川光貞「鷹図」長保寺蔵
２代目の藩主徳川光貞は紀伊狩野家の興益を重用し、また狩野探幽にも師事して水墨画を学んだ。藩主のなかでもとくに画才に恵まれていた。

徳川治宝「牡丹孔雀図」長保寺蔵

徳川吉宗「鳩図」徳川頼職賛
吉宗が藩主になる前の頼方の名前で描き、兄の４代藩主徳川頼職（1684-1751）が着賛した兄弟合作。

花鳥図屏風　長保寺蔵
城内あるいは西浜御殿で、それぞれが描いた図を二曲一隻の屏風に仕立てたもののうち右隻。

谷文晁「赤坂庭園五十八勝図」（下絵、部分、1797年）　和歌山県立博物館蔵
江戸の赤坂にあった紀州徳川家中屋敷にあった庭園は、台地と谷を巧みに使い、多数の名所が設けられた。谷文晁（1763-1840）は、徳川治宝の命によりその景観を描いている。

🏵藩主の嗜み：式楽

能楽を愛好した徳川家康の影響を受け、紀州転封前から頼宣は能に親しみ、多くの曲目を自ら舞いました。歴代の紀州藩主にも能楽愛好が伝わり、能面、能装束、謡本などが多数残され、紀州東照宮、根来寺などに奉納されたものも少なくありません。

能「田村」
国立能楽堂蔵『能楽図帖』より
都にのぼった僧が清水寺で少年から寺と坂上田村麻呂にちなむ由縁を聞くうちに、満開の桜に包まれた寺に夕暮れが迫る。二人は「春宵一刻値千金」と唱和する。10代の頼宣は、駿府城で繰り返し「田村」を舞った。また紀州入国に際しては、すでに家康が附していた者を含め6名の能役者が随行した。

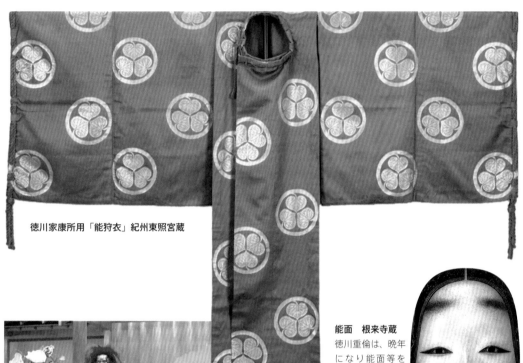

徳川家康所用「能狩衣」紀州東照宮蔵

能面　根来寺蔵
徳川重倫は、晩年になり能面等を多数根来寺伝法院に奉納した。現在159面が伝わり、翁の面こそないが、ほぼ全ての種類を網羅する。「石橋」の専用面も含まれている。

「石橋」の復曲　写真：和歌山市
頼宣は和歌山の猿楽師を召し抱え、そのひとり喜太夫に彼自身が考案した秘曲「石橋」の変曲を伝授した。徳川吉宗が能役者に命じて記録させた「御世話筋秘曲」などをもとに、2016年紀州徳川版の「石橋」がよみがえった。

徳川重倫像
五百羅漢寺（東京・目黒）蔵
歴代の紀州藩主のうち、光貞、綱紀は将軍綱吉の前で舞ってもいる。藩主時代の吉宗も「安宅」「船弁慶」などを舞った。家老三浦家の『年中日記』には、藩主たちの能楽愛好が記録されている。30歳で隠居となった第8代藩主徳川重倫（1746-1829）は、秘曲「石橋」を偏愛し、24回も舞ったという。

増上寺の雅楽　写真：増上寺
将軍になった徳川吉宗は、1719年に増上寺の法会のため京から楽人を招き、舞楽を演じさせた。息子に雅楽を陪覧させ、城内の管絃に和琴を加えさせた。

◆紀州の印刷文化

初代藩主徳川頼宣は、駿府城三の丸でおこなわれていた最先端の活字印刷を目の当たりにしたことでしょう。最晩年の家康が精魂込めた版本と使用された活字は、頼宣の紀州転封とともに和歌山にもたらされました。印刷は紀州文化の礎に、賞揚につながっていきます。

駿河版銅活字　1606-1616 年制作
印刷博物館蔵（南葵文庫旧蔵）
駿府城の中で印刷された駿河版に使われた活字は、初代藩主徳川頼宣により、和歌山に移された。火災等で多くが失われたが南葵文庫が継承し、1940 年以後は凸版印刷が所有。1962 年に国の重要文化財指定。

『紀伊国名所図会』
和歌山城下で書肆を営んでいた帯屋伊兵衛（高市志友）が企画した画期的な出版。紀州全域と高野山領の地誌で、初編と二編（1812 年）、三編（加納諸平編、1838 年）、後編（加納諸平・神野易興編、1851 年）からなる。観光名所にとどまらず、寺社や各地の故事・歴史も絵と文章で詳述、出版時の理解や紀州人の心情も伝えている。

駿河版『群書治要』1616 年
静岡県立中央図書館蔵（南葵文庫旧蔵）
徳川家康は、江戸幕府の統治に資するため、隠居した駿府城で日本最初の銅活字を用い、『群書治要』などを印刷させた。10 万個以上の活字を用いたにもかかわらず、わずか 4 か月で完成するという驚異の印刷であった。駿府城で保管後、和歌山に運ばれた駿河版は、南葵文庫所蔵をへて、1928 年に徳川頼貞により徳川家記念事業として静岡県が開設した県立葵文庫（現在の静岡県立中央図書館）に寄贈された。

紀州版『群書治要』
和歌山県立博物館蔵（南葵文庫旧蔵）
弘化年間（1844-1848）に、和歌山で藩校の督学であった山本元恒（？-1857）の序文を付け加えて再版された『群書治要』。駿河版銅活字を使用。なお、『群書治要』とは、唐の太宗が編纂させた治世のために参考となる書物のアンソロジー。『論語』『老子』『史記』など 60 以上の典籍から抜粋し、631（貞観 5）年に完成。中国では早々に失われ、日本から逆輸入されていた。

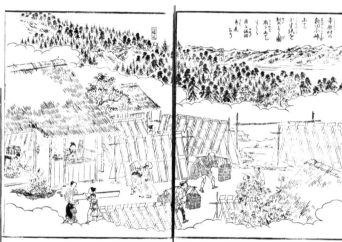

保田紙　『紀伊国名所図会』より
徳川頼宣は、藩内での製紙業振興をはかり、山保田組（現在の有田川町清水地区）の初代大庄屋であった笠松左太夫がその命に応えて、大和吉野郡から製紙法を導入、隠居した万治年間（1658-1661）には、紙漉き村として整備し、紀州藩御用紙を納めた。大正年間に隆盛を極めたが、その後衰退。現在は有田川町が保存に努めている。

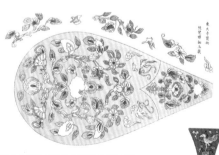

東大寺宝物琵琶螺鈿玉装と琵琶撥
『丹鶴図譜』より

『丹鶴叢書』『丹鶴外書』『丹鶴図譜』
紀州徳川家の江戸詰め付家老であった新宮城主水野忠央（1814-1865）は、古今の歌集、物語、日記等を『丹鶴叢書』として短期間（1847-1853）のうちに翻刻刊行した。叢書名は新宮城の別称「丹鶴城」に由来。同時期に『丹鶴外書』、引き続き『丹鶴図譜』も刊行された。精確な校訂、精密繊細な版木作成、優美な意匠、印刷の美しさなど、当代の印刷芸術の白眉であった。

❀文化の鎮（しずめ）　田安徳川家

第8代将軍徳川吉宗は次男と四男を、また長男の徳川家重（第9代将軍）も次男を、それぞれ取り立て別家を立てました。これら御三卿（田安、一橋、清水）は、いわば将軍家の身内で、大名とは異なり藩を持たないものの、将軍家の後嗣を出す資格を有しました。御三卿のうち田安徳川家は、学芸、教育に深くかかわり、文化承継に尽力する当主を生みました。

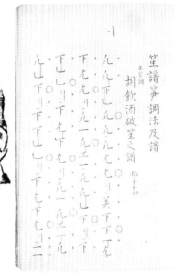

徳川宗武（1716-1771）
吉宗が紀州藩主の時に誕生した次男。田安徳川家初代当主。

徳川斉匡（なりまさ）「翁舞之図」徳川記念財団蔵
田安徳川家第3代当主の斉匡（1779-1848）は、いくつもの画幅を残した。翁の面をつけた舞を描いたこの作品では、能装束の細密な描写などに優れた腕前が示されている。

徳川宗武『玉函秘抄』
国文学研究資料館蔵（田安徳川家旧蔵）
宗武は、服飾、音楽、文学に生涯にわたり強い関心を持った。音楽は唐楽、琴楽を研究、雅楽の善本を幕府の文庫から借り出して比較検討した。自ら能を舞い、関係文献を蒐集し、彼の和歌は賀茂真淵が添削している。彼が書き残した『玉函秘抄』は、主に服飾と音楽に関する研究メモで、写真は笙の楽譜や演奏方法について記した部分である。楽譜、楽書を含む膨大な蔵書は、田安徳川家が承継してきたが、明治期に一部散逸、戦争で焼失したものの、国文学研究資料館（東京都立川市）等が所蔵している。

松平定信　自画像
1787年
鎮国守国神社蔵
（三重県指定有形文化財）
徳川宗武の七男として生まれた松平定信（1759-1829）は、白河藩の養子となったあとも田安屋敷に暮らした。天明の大飢饉への対応や寛政の改革により有名な定信は、能を舞い、絵筆をとる文人でもあった。また武家の高度な教育のため、幕府直轄の「昌平坂学問所」を開設してもいる。

『和漢写真補遺』より

『山海異経』より
1924年に東京帝国大学に寄贈された南葵文庫に含まれる写本。田安徳川家に由来し、田安家に生まれた徳川頼倫と南葵文庫の所蔵印がある。誰が蒐集したのか不明であるが、田安徳川家には薬草など珍しい植物、中国の古典籍にあらわれる想像上の鳥類を分類した図鑑など、きわめて珍しく、また精細な図解をともなった写本類が伝えらえてきた。

文化交流都市 和歌山

城下町の発展とともに、和歌山には松坂を含む領内から、また江戸、大坂、京都等から文人や絵師などが訪れ、また作陶も盛んになります。藩校の整備といった教育面でも先駆的でした。

徳川治宝 『古事記伝』題字
本居宣長記念館蔵
本居宣長『古事記伝』全巻刊行（1822年）に際し、師の遺志を受けて養子の本居大平は藩主の治宝に序文を願い出たが、代わりに「古事記伝御題字」を賜った。見事な筆致とともに表具もまた入念に造られている。

吉川義信 本居宣長肖像
和歌山市立博物館蔵
吉川義信は名古屋の町絵師。宣長の肖像を多く残した。

南紀男山焼 染付葵紋散火鉢
長保寺蔵
1827年に藩の支援のもと、現在の広川町上中野に崎山利兵衛が開窯した窯で製作された南紀男山焼は、日常用いられる器に加え、献上品となるような高級品も作成した。生産は1878年まで続いた。

祇園南海
（1676-1751）
「紅梅図」
和歌山市立
博物館蔵
江戸で紀州藩医の家に生まれた祇園南海は、若い頃から詩才が認められ、和歌山に移っく藩儒となり、朝鮮通信使の接遇や藩校の校長にあたる督学を勤めながら画業と詩作に努めた。南海は日本の文人画の祖のひとりとして広く知られ、池大雅は南海に学ぶため和歌山を訪ねている。

医学館 『紀伊国名所図会』より
藩主時代の徳川吉宗は1713年和歌山に講釈所（のちに講堂と改称）を設立。治宝は1791年講堂を拡大し学習館に、また新たに医学館を開設した。続いて江戸には明教館、松坂には松阪学問所をそれぞれ設立した。

🏵 学芸と審美：徳川治宝 <ruby>治宝<rt>はるとみ</rt></ruby>

第10代 藩主・徳川治宝の治世は34年余に及び、さらに28年余の隠居中も影響力を保ち続けました。学芸を好み、本居宣長を松坂から和歌山に3度も招聘する一方、藩校を和歌山・松坂・江戸に設け、藩士の教育に力を注ぎました。隠居後はさらに深く芸術に傾倒、「数奇の殿様」と呼ばれました。

西浜御殿舞楽之図　和歌山市立博物館蔵
西浜御殿は紀州徳川家の別邸。1824年藩主を退き隠居した治宝が住居とした。本図は1823年10月西浜御殿でおこなわれた舞楽の様子を描いているとされる。この時、治宝は自ら舞い、和琴を奏したという。

徳川治宝（1771-1853）
第8代藩主・徳川重倫の次男。生前に従一位に叙せられたのは御三家当主で治宝のみ。

琵琶（銘「白鳳」）
治宝は積極的に歴史的、また優れた意匠をもった和楽器の蒐集をおこなった。このコレクションは戦後徳川家を離れ、現在は国立歴史民俗博物館が所蔵している。

笙箱　1810年
来歴を記録し、付属する文書を整え、さらに各楽器を納める箱の製作にも深くかかわった。笙を納めるために作成した箱には、治宝の筆で「播州斑鳩寺旧蔵品を模して文化7年正月に造る」と記されている。

大江茂宣　二大字『守学』
和歌山県立図書館蔵
西浜御殿文庫には徳川治宝筆の『守学』扁額（個人蔵、1816年以降）が掲げられていた。治宝の右筆で、篆刻家でもあった大江茂宣『守学』は軸装。両者の関係は明らかではない。

箏（銘「君が千歳」、別銘「初音」）1658-1661年
金銀金具による豪奢な装飾が施された和琴。1834年購入。

白釉洲浜香合　（偕楽園焼）1819年
和歌山県立博物館蔵
大名などが自分の趣味や審美眼にあわせ、居城や藩邸の内に窯を築き焼成した陶磁器をお庭焼きという。徳川治宝が西浜御殿でおこなった偕楽園焼はその典型である。この香合は、治宝の側近であった森玄蕃が治宝の意を汲んで成形、京都から招かれた楽家10代旦入が焼いたとされる。

不老橋　1851年　紀州東照宮の祭礼に際し、御旅所に向かう道に架橋。徳川治宝の命による。

南葵文化の源流を訪ねて【文化観光案内】

紀州徳川による文化貢献は紀州藩内の社寺や城郭に残り、文物や資料は旧藩地のほか東京などでも接することができます。
94ページにも【文化観光案内】の掲載があります。

※アクセス、開館時間、利用方法等はそれぞれのホームページ等でご確認ください。

和歌山城　わかやま歴史館
http://wakayamajo.jp/
▶和歌山市一番丁

歴史館では築城以前からの歴史のほか、徳川治宝ゆかりの茶室を再現展示。

紀州東照宮
http://kishutoshogu.org/
▶和歌山市和歌浦西

本殿など江戸初期の重要文化財建築が残る。美術工芸品は和歌山県立博物館に寄託。

長保寺
http://www.chohoji.or.jp/
▶和歌山県海南市下津町上

紀州徳川家歴代の廟所。3棟の国宝建築が残る。

和歌山県立博物館
https://www.hakubutu.wakayama-c.ed.jp/
▶和歌山市吹上

紀州東照宮に奉納された美術工芸品、紀州徳川家に関連する多数の美術品、歴史資料、徳川頼貞と親交があった喜多村進の関連資料を所蔵。

和歌山県立図書館（本館）
https://www.lib.wakayama-c.ed.jp/
▶和歌山市西高松

江戸期の紀州徳川家伝来（南葵文庫旧蔵）資料、幕末の生活を活写した『小梅日記』を所蔵。徳川頼貞蒐集の南葵音楽文庫（公益財団法人読売日本交響楽団寄託）を公開。

和歌山市立博物館
http://www.wakayama-city-museum.jp/
▶和歌山市湊本町

多数の紀州徳川家に関連する美術品、和歌山城下の生活文化資料を所蔵。明治維新以後の紀州徳川家関連資料も。

本居宣長記念館
http://www.norinagakinenkan.com/
▶三重県松阪市殿町

紀州藩領であった松坂に居住していた本居宣長と紀州藩士との関係を示す資料も所蔵。

和歌山大学図書館
https://www.wakayama-u.ac.jp/lib/
▶和歌山市栄谷

紀州藩の藩校が所蔵していた資料を「紀州藩文庫」として継承。

国文学研究資料館
https://www.nijl.ac.jp/
▶東京都立川市

頼倫が生まれた田安徳川家由来の音楽資料を所蔵。

国立歴史民俗博物館
https://www.rekihaku.ac.jp/
▶千葉県佐倉市

紀州徳川家伝来の伝統楽器を所蔵し、調査研究。展示する場合もある。

印刷博物館
https://www.printing-museum.org/
▶東京都文京区水道（トッパン小石川ビル）

紀州藩にもたらされた駿河版銅活字（南葵文庫旧蔵、国指定重要文化財）を常設展示。

体験交流工房わらし
https://www.town.aridagawa.lg.jp/top/kanko/chiikibetsu/shimizu/4837.html
▶和歌山県有田郡有田川町清水

保田紙の伝統を継承。紙漉体験ができる（要予約）。

第2章 「南葵」の誕生

藩主徳川茂承から委任され、明治新政府に先行するように藩政改革を進めた紀州藩士の津田 出と陸奥宗光。その構想に影響を受けた廃藩置県が1871（明治4）年に実施されると、2年前に版籍奉還により藩知事とされていた旧大名は東京居住が強制された。さらに1876（明治9）年に明治政府が秩禄処分を断行、士族は収入の途が絶たれ困窮するものが急増した。

茂承は士族らの支援や次代の和歌山や日本を担って行く人材育成に心を砕き、徳川頼倫もその意を継いだ。旧士族や県人のために蔵書を開庫した際、南葵という語を創案し文庫名とした。それは和歌山と紀州徳川の新しい関係を表すアイコンにもなった。「南葵」の誕生である。

第3回日本図書館協会大会出席者
（南葵文庫において撮影）
南葵文庫の本館は1908（明治41）年10月に竣成、11月3日から一般公開、閲覧が開始された。同月、日本図書館協会の大会が文庫で開催された。以後、協会の大会を短期間に6回開催するなど、徳川頼倫と南葵文庫は、個人文庫にとどまらず、揺籃期にあった日本の図書館界を牽引する一翼を担った。

1869 (明治 2)	6月17日	版籍奉還、紀州藩第14代藩主徳川茂承が和歌山藩知事に。
1871 (明治 4)	7月14日	廃藩置県、徳川茂承は東京に移住。
1878 (明治 11)		茂承、徳義社設立。旧紀州藩 士族の支援と育成をはかる。
1880 (明治 13)	2月	茂承、田安徳川家から 養子を迎え、頼倫と改名。
1885 (明治 18)	4月	頼倫、学習院に入学。
1892 (明治 25)	8月16日	頼倫の長男徳川頼貞生まれる。
1896 (明治 29)	3月	頼倫、英国へ留学。のち 欧米視察、翌年11月帰国。
1898 (明治 31)	5月20日 11月17日	頼倫が新文庫を創立。 副館と第一書庫起工。
1899 (明治 32)	12月	竣工、南葵文庫と命名。
1902 (明治 35)	4月	南葵文庫竣成、 開庫式。
1905 (明治 38)	4月3日	本館と第二書庫の増築工事に着工、安礎式。
1906 (明治 39)	8月20日	茂承、東京麻布の自邸で死去。
1908 (明治 41)	10月10日 11月3日	南葵文庫の増築竣成、公開式。 閲覧開始。
1911 (明治 44)	5月 7月30日	南葵育英会を設立、旧紀州藩子弟修学を支援。 史蹟名勝天然記念物保存協会を設立、 　　　　　　　　　　　頼倫が会長に。
1913 (大正 2)	6月15日	日本図書館協会総裁に就任。
1918 (大正 7)	10月27日	南葵文庫大礼紀念館（南葵楽堂）開館。
1919 (大正 8)	4月14日	徳義社解散。
1920 (大正 9)	4月	和歌浦に双青寮落成。 紀州徳川300年祭を開催。
1921 (大正 10)	4月20日	頼倫、全国図書館大会（和歌山市公会堂）で講演。
1922 (大正 11)	6月3日	頼倫、宗秩寮総裁に親任。
1923 (大正 12)	9月1日	関東大震災、南葵楽堂が損壊。
1924 (大正 13)	7月4日	南葵文庫蔵書を東京帝国大学図書館に寄贈 （一部除外、音楽関係資料等は頼貞管理に）
1925 (大正 14)	5月19日 6月3日	頼倫、代々木上原の自邸で死去。 長保寺で埋棺。

徳義社

徳川茂承（1844-1906）

学習院初代校舎（神田錦町）
（1877年10月17日開業式）

鎌田栄吉『欧米漫遊雑記』より
欧米視察中の徳川頼倫、鎌田栄吉、斎藤勇見彦
（アルプス氷河とヴェネツィアのゴンドラ船）

徳川頼倫（1872-1925）
文化遺産オンラインより

和歌山市公会堂

関東大震災で焼失した東京帝国大学図書館
国立科学博物館 蔵

🏵和歌山の「人づくり」

廃藩置県で東京に移住した後も旧藩主徳川茂承は、困窮する士族のために私財を投じて徳義社を設立、和歌山の明日を担う人の教育と共助のために貢献しました。紀州徳川家の援助を受け国内外に留学、後に徳川家に教育係や顧問役として協力した人もいます。また、本多和一郎（1852-1895）が設立した「共修学舎」をはじめ、県下各地の私塾、学舎は、地域の教育の礎となり、北米への移民にも深くかかわりました。

徳川茂承と徳義社

1877（明治10）年、徳川茂承から10万円の寄附を受けた旧藩士族たちは、活用のため徳義社を結成し共有の田畑を購入、その収益をもとに窮乏する士族の援助や徳中中学校開設による人材育成につとめた。40年にわたり活動し、1919（大正8）年解散。なお、和歌山のほか松阪に分社を置いた。

『和歌山学生会雑誌』

和歌山学生会（本部東京、和歌山に支部）は、会費と徳川家の基金利子により、東京に学ぶ和歌山出身の学生に対する貸費と交流のため設立された。1889(明治22)年発刊された『和歌山学生会雑誌』は、会員の活動や名簿を掲載、互助・郷土意識の形成に資した。

松阪徳義社

◎紀州藩士の家に生まれて◎

松山棟庵（1839-1919）

紀伊国那賀郡神田村(現・紀の川市)で医師の家に生まれ、紀州藩の選抜学生として慶應義塾に派遣される。医学の教授、医学書の出版、病院の創立等を経て、1891年には東京慈恵医科大学を設立した。

和田義郎（1840-1892）

1866年紀州藩の留学生として福澤塾に入る。英語教師となるが、1872年に学制が敷かれ新しい小学校ができるようになると私塾「和田塾」を開設、数年後「幼稚舎」と呼ばれるようになる。後年慶應義塾に組み込まれ、小学校教育の泰斗となった。

小泉信吉（1849-1894）

紀州藩侍医の家に生まれ、藩校で学び、福澤塾に入り、明治維新後、慶應義塾等で教え、1876年から2年間イギリス留学。帰国後は横浜正金銀行に入り1880年副頭取。1887年慶應義塾塾長。1890年には支配人として横浜正金銀行に戻る。

中井芳楠（1853-1903）

慶應義塾卒業後は藩校で教える。紀州徳川家の援助を受け、私塾自修舎（後に自修学校）を設立。1880年横浜正金銀行に入行、ロンドン支店長に。英国で蒐集した書籍を南葵文庫に寄贈。

下村房次郎（1856-1913）

和歌山日日新聞主幹。通信や交通事業の発展に尽力。貿易振興、生命保険会社社長など実業界で活躍。『交通雑誌』を刊行した。新聞記者・政治家の下村海南の父。

鎌田栄吉（1857-1934）

紀州藩家臣の家に生まれ、藩校を経て、徳川茂承の命により慶應義塾に学ぶ。1894年衆議院議員に。徳川家の教育係として頼倫の欧米巡察に同道、帰国後は慶應義塾塾長、文部大臣等を歴任。

三宅米吉（1860-1929）

歴史学者、考古学者、教育者。徳川頼倫の教育にもあたる。東京で紀州徳川家蔵書（のちの南葵文庫）に接し、科学的な歴史学の必要を痛感、多数の著作を残す。東京高等師範学校校長、帝室博物館総長、考古学会会長などの要職を歴任。

斎藤勇見彦（1860頃-1917）

徳川家家令の家に生まれ、1882年東京外国語学校を卒業。陸軍戸山学校フランス語教師を経て徳川家に奉職、頼倫の欧米巡察に同道し「欧州御巡回中日記」を記した。南葵文庫開設後はその主幹をつとめ、『南葵文庫目録』『紀藩士著述目録』等を編纂。

川瀬善太郎（1862-1932）

1892年林政研究のためドイツ留学。帰国後は東京帝国大学農学部長をつとめ、同時に国の林政にも尽力。和歌山出身学生への支援、徳川頼倫の事業への協力も惜しまなかった。

関直彦（1857-1934）

東京日日新聞の記者、社長。後に弁護士となり東京弁護士会会長。1890年和歌山県から衆議院議員に当選。

徳川頼倫　師と留学

徳川頼倫（1872-1925）は、学習院の環境には馴染めず、山井幹六、三宅米吉、津田梅子、また慶應義塾の英語教師から直接教えを受けています。古典籍、歴史や考古資料に向きあっていた先達や、教育への熱意、進取の精神にじかに接したことは、頼倫が後に取り組む文化社会事業へのつながりを思わせます。

鎌田栄吉を指南役としてロンドンに向かったのは、間もなく24歳になろうとする1896（明治29）年3月でした。

山井幹六（やまのい）
（1846-1907）

号は清渓。本名は山井重章。幕末、明治の漢学者、儒家。学習院の講師を経て、1896年に第一高等学校教授に任用。

『文献通考鈔』1巻続2巻（1877年）本文冒頭

津田梅子
（1864-1929）

二度目のアメリカ留学中の1891年、講演をおこなうことで寄附金を募り、日本女性のアメリカ留学を支援。その奨学金を受けた多くが、日本各地で女子教育を先導した。1900年に自ら設立した女子英学塾が、現在の津田塾大学である。

1896年3月から欧米を巡察
左から徳川頼倫、鎌田栄吉、斎藤勇見彦。鎌田栄吉『欧米漫遊雑記』（1899年）口絵写真より

尾崎紅葉『金色夜叉』の英訳（1905年）

大英博物館には、誰も彼も入用頻繁なる書は出し入れうるさきゆえ、読書室の周囲の内壁にならべあり。誰でも勝手に取り出し、ほりちらかしおけば、小童来たり片づけくれるなり。大英博物館の参考書庫 Reference Library と申し、欧米諸国に書籍館立つるとき、まずこの参考書目をかいこみ、それから揃えて書籍館の首随を作るなり。故にこの参考書庫にある書は、誰も彼も一読せにゃならぬ、もっとも入用の書なり。（中略）前年北尾次郎君なりしか、なにか数学上の大発明をなしドイツへ報ぜしに、やっとその前に同じ説がかの国人に出されありて残念なりしということを川瀬善太郎（林学博士）氏に聞き候。これらは日本に図書館整頓せず、また図書館あるもビブリオグラフィー（参考項目の目録）備わらざるゆえに御座候。
南方熊楠「柳田国男宛書簡」（1911年10月17日）より

『日本の日常』（1909年）

アーサー・ロイド
（1852-1911）

A・ロイドはケンブリッジ大学セント・ジョンズ・カレッジ卒業後、英国国教会宣教師として来日。福澤諭吉の信任厚く、慶應義塾で教えたあと立教学院の学院総理を勤めた。ほかにも東京帝国大学でラフカディオ・ハーンの後任として英文学を講じ、日本文学を英訳出版した。日本の仏教や日常生活についての英文紹介書も著している。

南方熊楠
（1867-1941）
1891年アメリカで。30ページ参照。

孫文
（1866-1925）
芝増上寺の追悼式には鎌田栄吉が列席。

大英博物館図書室　マルクス、ガンジー、ディケンズらも通った大英博物館図書館の中心閲覧室。周囲の壁面は開架の参考書庫。ここで研究していた南方熊楠が頼倫を案内した。彼はまた孫文に引きあわせてもいる。

🏵 欧米巡察

徳川頼倫は1896（明治29）年3月から翌年11月まで世界各地を訪れています。毎年4月から半年ちかくは主にロンドンに滞在、他の期間はヨーロッパ各地とトルコ、エジプトを巡り、北米経由で帰国しました。教育係役の鎌田栄吉が同道し、先端的な工業技術の成果、代表的な史蹟や文化遺産の体験が組み込まれ、さらに国家的な式典やニューヨークの市長選挙を目の当たりにする機会にも恵まれました。

ヴィクトリア女王の即位 60 年祝典
1897 年 6 月 22 日、セント・ポール大聖堂前。頼倫に同道した鎌田栄吉は、英国王室と国民の関係について仔細に観察している。

photo : Andrew Shiva / Wikimedia

スコットランドのフォース鉄道橋
「鋼の恐竜」とも呼ばれ、大英帝国の工業力を示した強固な鉄道橋を、完成間もない 1896 年 8 月に見学。橋の建設工事監督に抜擢されたのはグラスゴー大学に学んだ渡邊嘉一（指揮者・朝比奈隆の実父）であった。2015 年世界遺産に登録。同地ではロスリン礼拝堂やドラモンド城も訪問。

シャルル・ルルー《日本と中国の歌》
1897 年 2 月、絹織物産業の視察を主目的としたリヨン訪問に際し、日本陸軍軍楽隊の指導にあたった Ch. ルルーから贈られた。献辞の日付は 2 月 16 日。

ロシア皇帝ニコライ 2 世のパリ訪問
1896 年 10 月、パリ再訪時には、戴冠直後の皇帝夫妻歓迎準備から「燦然爛然、目くるめく美しい」歓迎行事を見学した。皇太子時代のニコライが大津事件に見舞われてから 5 年後であった。

ピラミッド下の 3 人
1896 年 12 月から翌年年始にかけてエジプトに滞在。

ナイアガラの滝にて
1897 年秋、水力発電関係の施設を見学。

ニコライ 2 世夫妻
向かいに座るのはフランス大統領

鎌田栄吉『欧米漫遊雑記』
（再版 1900 年）
工業技術、バルカン半島などの政治情勢、史蹟や文化遺産、図書館やホテル等の社会基盤、統治者と国民の関係など、幅広く的確に観察。現代語訳は 2014 年に刊行。

フランス国立図書館の「楕円形」閲覧室
頼倫一行はジョンズ・ホプキンズ大学（米国ボルチモア）で、富豪の寄附による大学図書館が、広く市民に開放されているのにも感心している。

徳川頼倫と南葵文庫

1908（明治41）年秋、東京飯倉に私立図書館「南葵文庫」が開設・公開されました。広大な徳川侯爵邸の一角に建つ瀟洒な洋館は、近代日本の文化を象徴する名所のひとつとなり、館内には文化財保護のための「史蹟名勝天然紀念物保存協会」と学徒支援「南葵育英会」の事務局も置かれ、紀州徳川家15代当主頼倫の三大文化事業が同時に発足しました。

　徳川頼倫が図書館「南葵文庫」創設の構想を抱いたのは、11年前の欧米視察旅行中のことである。ロンドンで出会った南方熊楠の助言も大きかったが、頼倫の周囲には進取の気性に富んだ父・茂承やわが国最初の図書館法制定委員を務めた相談役・鎌田栄吉がおり、彼の図書館構想は家中の全面的な賛同を得たのだった。

　当時、日本の図書館運動は走り始めたばかり。府県の公共図書館は施設も事業内容も貧しく未熟だったが、その中にあって南葵文庫はひと際光彩を放っていた。木立に囲まれた建物には紀州徳川家伝来の古刊本、写本のほかに当代の文献が収められ、希望する者は誰でも閲覧することができた。閲覧料は無料、閲覧室の机や椅子、書架、目録カードボックスなど洋式の備品は最新にして趣味よく整えられ、資料の整理法は蔵書の内容、規模に即して考え抜かれたものだった。頼倫が抱く図書館像は資料の蒐集、整理、公開にとどまらなかった。野口英世や史蹟名勝天然紀念物保存協会の博士たちを招いて毎年開催された講演会、折に触れて制作された展示会、母と子のための催し、利用者との意見交流会、読書会、出版など社会教育施設として

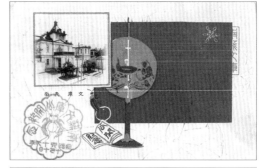

南葵文庫公開紀念絵はがき（1908年）
「南葵」という名称は、徳川頼倫が1899（明治32）年12月に東京の私邸に設置、竣工した私設図書館を、旧封地南紀と家紋の葵に因み、南葵文庫と命名したことに始まる。この絵はがきは、新館が完成し、公開式をおこなった1908（明治41）年10月10日に配布、郵送されたもの。図案は日本画家の結城素明（1875-1957）。1904年に母校の東京美術学校に助教授で迎えられ、1944年まで教授をつとめた。

南葵文庫蔵書印

階下食堂と庭園

貸出室

一般閲覧室

新聞雑誌目録室

の機能をフル回転させるものだった。頼倫はまた、図書館活動を担うライブラリアンの養成にも心をくだいた。掌書長（主任司書）橘井清五郎の欧米図書館視察および研修、のち和歌山県立図書館の司書となる喜多村進の文部省図書館講習会への派遣など、図書館に対する見識と現場のスキルを磨く研修活動を奨励した。頼倫の見識は今日の図書館運営に通じ、南葵文庫は当時の図書館にとってモデル的存在であった。日本の図書館界は南葵文庫を参考にしながら歩んだといってよい。頼倫は「ひとの一生にかかわる図書館事業は愉快」という。近代日本にふさわしい図書館を創りだすことに生き生きとした喜びを味わっていたようだ。

　頼倫が育てた南葵文庫は、1923（大正12）年の関東大震災後、壊滅状態に陥った東京帝国大学附属図書館に蔵書10万点を寄贈することをもって、草創期の図書館モデルとしての使命を終えた。1919年には「史蹟名勝天然紀念物保存法」（「文化財保護法」の前身）も制定され、所期の目的を果たしている。「南葵文庫」もまたなすべきことを果たして終焉したが、課題がひとつ残った。子息頼貞が願ったわが国最初の音楽専門図書館の創設である。頼倫は寄贈資料から旧音楽部所管の洋楽関係蔵書を除外し、新たな事業に意欲を燃やす頼貞に託したのだった。　　　　（林淑姫）

南葵文庫の沿革

本文庫の設立は明治二十九年頼倫侯欧米漫遊の当時に胚胎す。侯が海外各地の図書館を歴覧するに方り、深く感ずる処あり。随行員鎌田栄吉（慶應義塾塾長）、斎藤勇見彦（南葵文庫主幹）等に屡々其所思を披露せられ、帰朝の後直ちに家蔵書籍の整理を命じた。抑も維新以前に在りては、我が和歌山藩の書籍甚だ多く、江戸赤坂の藩邸学問所（明教館、古学館）に又は和歌山の学習館、国学所等に配布して藩士の子弟教養の資に供したりしに、明治の初年に当りて前記赤坂に蔵せる書籍悉く之を藩地伊勢松阪に移し、此に国学所を建るの計画ありたれども、時に騒擾に際し遂に成らず。以後転々散佚の不幸に遭遇して時々坊間の書店に学問所の印影あるものを散見するに至れり。

幸に其中の絵巻物を初め貴重図書類百数十点は、明治九年一月度曾県伊勢大廟附属の神宮文庫へ奉納されたり。明治三十九年十月印行の同文庫図書目録特種の部中に紀伊国古学館、松坂学問所等の捺印ありとせるもの即ち是なり、又和歌山にありし図書は廃藩置県に際し県庁に保管せられ現に師範黌に其大部分を保存せり。

以上の外に藩主の座右本及記録方の手に残りたるもの二万有余の書籍あり。座右本中には各方面より贈進せる美装特装の書籍多く、記録方本中には徳川歴史に関するもの多し。本文庫の基礎は実に此にあり。

而して此二万余巻の書籍とても大小区々の書函に納められたるまま倉庫の一隅に堆積し、出納極めてその便を欠き加うるに毎年僅に数回の曝書をなしたるのみ。是固より保管者が雑務紛糾の間に処して己むを得ざるの致す処なれども斯ては有用の書空しく蠧蝕に委するの歎なき能わざりしに、幸いに書籍整理の命ありたれば東京市麻布区飯倉町六丁目十四番地の邸隅に地を相し、先ず侯爵家職の子弟及び篤志者の閲覧に便せんため約百坪の二階建物と二十坪の二階書庫の創立を企て、南葵文庫と命名したり。是実に明治三十二年十二月にして越えて同三十五年四月工事の竣成を俟て開庫式を挙

行せり。南葵と命名せるは旧封地南紀と家紋葵とに因めるなり。

其後新に蒐集せる書籍と諸方よりの寄贈竝に寄託書籍に増加し、到底尽く之を収容する能わざるに至りたれば、茲に規模を拡張し三十五坪三階の書庫と二百十余坪の新館増設に着手せるは、明治三十八年五月にして工事中日露の役あり。前侯爵の薨ありたれども益々事務を督励し、明治四十一年十月工事の竣成を告げ同月十日公開の式を挙げ、同年十一月三日より公衆の閲覧を開始し爾来閲覧事務以外毎月学術講話会を開き、毎年五月紀念会を催し其他時々各種の催をなして専ら文庫の発展に勉め、年を逐いて其効果を実現し来れり。

然る処大正十二年九月一日関東地域に大地震起り火災の発生に伴い市内の大半が焼土と化した。本郷本富士町に在りし東京帝国大学附属図書館も構内より失火の為全焼したのである。其時頼倫侯の発意により文庫寄進の旨申し出られたのが十二年十月十八日で、古在総長に面接され口上を以て約された。そして翌十三年七月受渡の手続を完了したのである。よって南葵文庫の蔵書十万余冊は徳川家より帝大図書館へ移管されたのである。

平野喜久代『蔵書印集成』より

※転載に際し、適宜ルビ・改行を加え、新字新かなとした。

平野喜久代 編
『蔵書印集成』（1974）

南葵文庫の掌書（司書）であった平野喜久代（1897-1990頃）は、南葵文庫所蔵資料に見られる多くの旧蔵者蔵書印を模刻、押捺し、3巻からなる『蔵書印集成』として上梓した。また東京帝国大学への寄贈からは外された南葵文庫旧蔵版木（1770年代？）一式により、明治初期に漉かれた石州半紙（ユネスコ無形文化遺産）を用いて『百花鳥図譜』を1989年に再摺した。

🏵 成り立ちと継承

南葵文庫が所蔵していた資料は、印刷本のみならず彪大な写本、挿絵本、地図、絵巻、漢籍、洋書、楽譜、史料など多岐にわたりました。藩主座右本や藩校などに由来する典籍もあれば、明治維新頃に入った書籍もあり、さらに南葵文庫開庫後に寄贈されたり、極めて重要な資料の寄託もありました。廃藩置県の際などに一部散逸。音楽資料以外にも徳川家関連資料などが東京帝国大学への寄贈から除かれています。

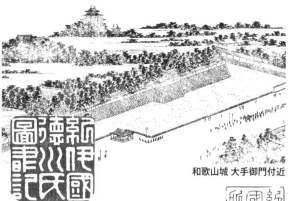
和歌山城 大手御門付近

紀州徳川家

藩主の座右本 記録方の旧蔵本

学習館
1791(寛政3)年に湊の**講堂**を改修増築して改称。

紀伊国学所
1856(安政3)年に開設。

松阪学問所
1804(文化元)年に開設。

明教館
1791(寛政3)年に開設。

国学所
1855(安政2)年に開設。

江戸の藩校

一部散逸
一部は神宮文庫へ

学習館

紀州の藩校

一部散逸
一部は神宮文庫へ

南葵文庫

寄託本 ／ 旧蔵本 ／ 寄贈本・購入書

和歌山師範学校

各寄託者へ
◎本居宣長記念館
◎勝海舟記念館、など

音楽資料

東京帝国大学図書館

南葵音楽図書館

紀州藩文庫

和歌山大学図書館

和歌山県立博物館

和歌山県立図書館

南葵音楽文庫
読売日本交響楽団 所蔵
和歌山県立図書館 寄託

図解 南葵文庫

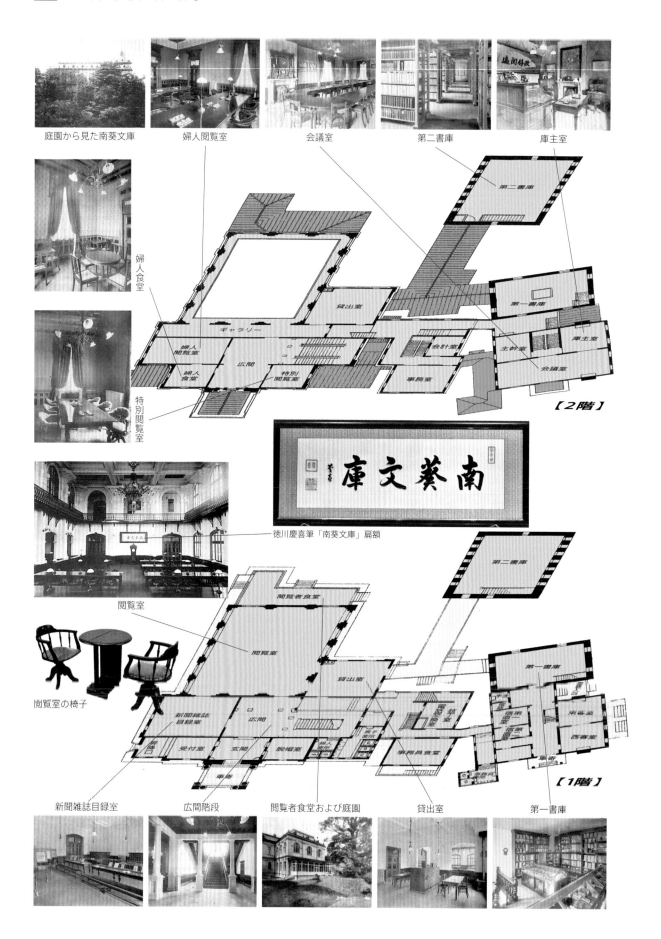

庭園から見た南葵文庫

婦人閲覧室

会議室

第二書庫

庫主室

婦人食堂

特別閲覧室

【2階】

徳川慶喜筆「南葵文庫」扁額

閲覧室

閲覧室の椅子

【1階】

新聞雑誌目録室

広間階段

閲覧者食堂および庭園

貸出室

第一書庫

大日本帝国陸地測量部
一万分一地形図「三田」
（1909 年）部分

文庫庭園における児童会

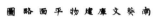

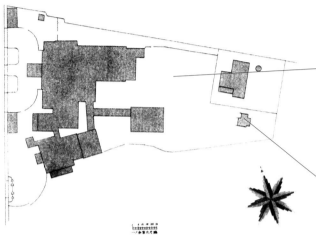

庭園

松浦武四郎紀念室
武四郎が自宅の片隅に造った書斎
「一畳敷」を、彼の死後、南葵文庫
の敷地内へと移築したもの。現在
は国際基督教大学（ICU）構内に
移築保存されている。

陳列品目録
創立紀念会は毎年 5 月に開催され
た。ほかに蔵書目録、概要、年次
の報告などを刊行。

斎藤勇見彦『紀藩士著述目録』
南葵文庫（1908 年）
南葵文庫公開にあたり、初代藩主以来
紀州藩における学術を総覧する展示を催
した際の目録。頼宣・吉宗・丹鶴叢書な
ど稿本・写本・刊本約 300 点を収載。

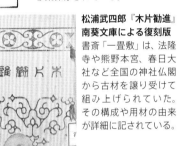
松浦武四郎『木片勧進』
南葵文庫による復刻版
書斎「一畳敷」は、法隆
寺や熊野本宮、春日大
社など全国の神社仏閣
から古材を譲り受けて
組み上げられていた。
その構成や用材の由来
が詳細に記されている。

松浦武四郎（1818-1888）
幕末から明治にかけての探
険家。伊勢国一志郡（現・
三重県松阪市）出身。蝦
夷地を踏査しアイヌの文
物を蒐集。アイヌ語をも
とに各地に地名をつけ
た。北加伊道（北海道）
も彼の考案である。

南葵文庫の出版物と催事

児童講話会

桜の会陳列の一部

創立紀念会陳列の一部

対馬宗家資料の一部

陳列玩具の一部

桜の会陳列の一部

紙に関する陳列

対馬宗家資料の一部

🦢 徳川頼倫の足跡　北海道から台湾まで

頼倫は、7歳で養子に迎えられた直後に和歌山を訪れたのを皮切りに、主に史蹟名勝天然紀念物保存協会、日本図書館協会など自身が深く関わる事業推進のため各地を訪問、調査や講演をおこないました。また、紀州徳川家の当主として和歌山に赴き、同地では育英事業の拡充にも尽くしました。

田本研造「アイヌの女性」　1890年代
頼倫は、20歳、30歳、50歳になる時期に北海道へ向かい、とくに最後の旅ではほぼ全道を巡っている。紀州徳川家にもたらされた多数のアイヌ文化資料は頼貞が1927（昭和2）年に東京帝室博物館（現・東京国立博物館）に寄贈した。

田本研造
（1832-1912）
紀州牟婁郡生まれ。不自由な身体ではあったが精力的に活動、開拓時代の北海道を記録し貴重な写真を残した。

南宋寺　1899年
『南海鉄道案内』より
頼倫は堺市で講演、重要な文化財を伝える南宋寺、大安寺（「枝添えの松」の逸話）、大仙陵などを訪ねた。

▲身延町（山梨）
本遠寺にて
（1909年）

愛知・三河
1891(明治24)年10月

名古屋
1916(大正5)年2月

金沢
1916(大正5)年2月

飛騨高山
1904(明治37)年10月

大阪
1913(大正2)年10月

堺
1916(大正5)年4月

山梨
1909(明治42)年10月

北海道
1892(明治25)年7月
1902(明治35)年8月
1920(大正9)年8月

満州・朝鮮
1907(明治40)年5月

台湾
1901(明治34)年10月
1919(大正8)年5月

新潟
1916(大正5)年

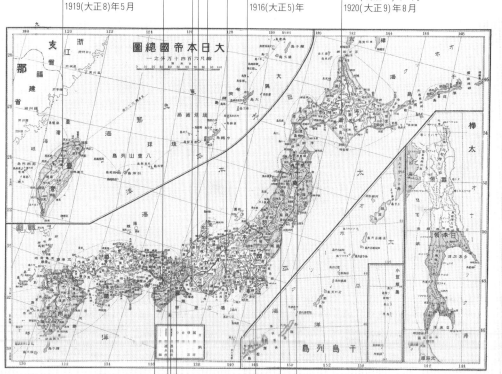

嵩山堂「大日本帝国総図」（1912年）

和歌山
1889(明治22)年
1903(明治36)年10月
1914(大正3)年7月
1920(大正9)年4月
1921(大正10)年4～5月
1924(大正13)年11月
など

大台ヶ原
1917(大正6)年

奈良
1921(大正10)年4月

吉野・桜井など
1916(大正5)年4月

東北
1902(明治35)年8月

山形・青森
1916(大正5)年

福島・相馬地方
1918(大正7)年

茨城・桜川
1914(大正3)年4月

※『南葵育英会会報』第30号
総裁徳川頼倫侯追悼号
（1925年9月）をもとに作成

◀大台ヶ原調査（1917年）
南葵文庫の戸川安宅、林学者川瀬善太郎らとともに。

桜川調査（1914年）▶
三好学博士らと世阿弥『桜川』で知られた茨城・桜川を。

❀「国光」のために　頼倫の文化貢献

南葵文庫の創設と公開につづき、徳川頼倫は揺籃期にあった日本の図書館界の発展、旧紀州藩の地出身の学生への支援、ほとんど手つかずであった史蹟名勝天然紀念物の保護のため、その先頭に立って活動しました。

『図書館雑誌』
1924（大正13）年9月号
日本図書館協会は、図書館運営における南葵文庫の先駆的な役割を記事にしている。

頼倫の書「国光」（1914年）
「国光」は、中国の古典『周易』にある「観国之光、利用賓得于王」（国の光を観るは、王に賓たる利あり）に由来するとされ、また「観光」の語源ともされる。
戸川安宅（残花）『東京史蹟写真帖』より

1913年、南葵文庫庫主の徳川頼倫は、創立20年を迎えた日本図書館協会の総裁に推挙され、日本の図書館界の発展に尽くすことになった。協会本部は南葵文庫隣家（徳川家所有）におかれた。

『図書館雑誌』
1924（大正13）年11月号

感謝状（1913年）
和歌山県立博物館蔵

頼倫は既存の奨学組織を統合、資金を拠出して基金を設け、また和歌山関係者の寄附を募り育英事業の充実に尽力した。寄宿舎を東京、ついで京都等に設けてもいる。感謝状宛先の加納家は紀州藩家老の家系。

南葵育英会設立趣意書（1911年）

『史蹟名勝天然紀念物』創刊号（1914年）
徳川頼倫らは1911年、貴族院に「史蹟名勝天然紀念物の保存に関する建議」を提出し、その可決を経て保存協会を設立した。会長に就いた頼倫は、会報の創刊号巻頭言で「郷土の保存は地方開発と逆行するものではなく、史蹟、名勝を保護する事は交通機関を発達させることにもなる」と述べ、保存と開発の協働を主唱している。

寄宿舎「進修学舎」の開舎式
南葵育英会が東京の紀州徳川邸通用口内に開設した。
『南葵育英会会報』第4号（1912年12月）より

史蹟調査の一行（東京華族会館の表門にて）
『史蹟名勝天然紀念物保存協会報告』1911年より

南方熊楠が語る頼倫侯

南方熊楠は、頼倫を導いて大英博物館図書館をつぶさに案内、帰国後は1914年に田辺の宿に頼倫を訪ね、1921年には頼倫が南方宅を訪問、南方植物研究所の発起人に名を連ねるなど支援を重ねています。熊楠は『南方二書』のほか、日記、書簡などで頼倫にしばしば言及しています。

南方熊楠と徳川頼倫（撮影1921年5月27日）
頼倫（右から3人目）の右に三浦英太郎（紀州藩家老三浦権五郎の家督を相続）、熊楠の左に家族、ほか田辺の人々。

英国滞在中の徳川侯

南方熊楠

（略）　明治三十年夏、小生案内にて侯と鎌田栄吉氏と三人にて、英国皇立人類学会例会に赴きしことあり。（学会後の饗応が済んでの帰路）会長リード男爵小生に問いしは「彼の侯学問ありや」。小生答う。「学問はあまり好まぬ人なり。因って博物館へ案内して、短き時間に学問の要点要点を面白く分かり易く説明して、半日毎に学問の大体を会得されんことを期して同行する。中々の骨折りなり。爰に一つ妙な事あり。彼の侯は予が話すことを当座面白く覚える様だが、物の名を一向記憶されず、然るに不思議に一度会って名刺を受けたる人の名は、いかに六ヶしく長き姓名たりとも悉く覚え居ること、予には出来ぬこと」と申すと、リード男爵曰く「さればなり。そこが本当の貴人にて、平凡なるものは素より資質の劣れるものには企て及びべからざることなり。（中略）貴公等の企て及ぶ可からざる所、まことに日本にも立派な貴人のあること、盛邦のため賀すべきの至りなり」と語られし。
『南葵育英会会報』第30号（追悼号、1925年9月）より抜粋

中井秀弥宛の書簡から

　故頼倫侯は、小生ロンドンにて大英博物館に案内したる事あり。大正十年拙宅へ来られ、此の書斎にて快談一万円下され候。十一年東上の節も大磯別荘にて半日饗応せられ候。まことに偉大なる長者なりしに、急病にてなくなられ候。

（1929年10月9日付）

　徳川頼倫侯は、殆んど聖人とでも言うべき方なりしが、突然大正十五年に薨ぜられ候。（中略）只今此状を認むるランプの前に座して、去る大正十年五月二十七日此の拙宅へ成らせられたる際、久しく笑談せしより、小生は毎夜ここで検鏡する毎に先侯が其座にいますか如く感じ申候。

（1929年11月6日付）

※中井秀弥は和歌山の旧友で、田辺の熊楠邸を一家で訪問したこともある。なお、文中に大正十五年とあるのは、十四年の誤りである。

南方熊楠自邸
（撮影2019年8月）

南葵文庫の寄贈と移管

東京帝国大学図書館は関東大震災によって全焼、旧幕府時代から蒐集された蔵書五十数万冊のほとんどが失われると、頼倫はただちに南葵文庫の寄贈を決断、音楽関係など一部は除いたうえで、翌1924年7月に寄贈手続きが完了しました。1928年12月にはロックフェラー財団の寄附による東京帝国大学図書館が完成、蔵書はこの図書館に収蔵されました。

東京帝国大学図書館
1928年12月1日落成。南葵文庫蔵書（大学側記録では96000冊）のほか、三条実憲ら華族、学者、軍人、政治家らの寄贈を受け入れた。1924年には青洲文庫（30000冊、山梨・市川大門）を購入した。なお南葵文庫旧蔵書の一部は、1975年10月31日に国文学研究資料館に移管されている。

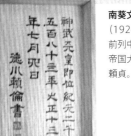

南葵文庫の鍵

南葵文庫受け渡し式の記念写真
（1924年7月4日）
前列中央に徳川頼倫、右に東京帝国大学総長の古在由直、徳川頼貞。

徳川家の集い
中央に徳川頼倫、右端は徳川頼貞、左端は三浦英太郎、前列右端は徳川久子（頼倫夫人）、左端は徳川為子（頼貞夫人）

頼倫侯を祀る
1924年8月から心臓疾患があらわれ、翌年1〜3月は湯崎（白浜）温泉や和歌浦で静養、4月からは宮内省の内部部局である宗秩寮総裁の任務にもどったが、5月19日に逝去。6月3日長保寺に埋葬された。

🏵 南葵文庫の記憶

南葵文庫の周辺には、島崎藤村、梶井基次郎、永井荷風、北村透谷ら文学者が暮らしていました。
彼らのなかには、徳川邸や文庫の佇まいを描いた文章を残した人もいました。

飯倉附近

島崎藤村

——飯倉附近の文化的施設として誇りうるものは、南葵文庫でした。震災後、東京帝国大学に寄附せられて、今は只だ荒れ果てた旧徳川邸内の一角に其の残骸のみ空しく残って居り、門や塀などは震災の時に少しこわれたものが、今にそのままになっていて、如何にも荒涼たる感じを起こさせますが、つい最近までは特殊図書館として一部の読書家からは非常に愛せられていたものです。図書総数十万余。主として日本歴史、日本地理、国文学などに関する図書が多かったようです。

——斯ういう静かな図書館は、日本中どこへ行っても決して二つとは無いものと思います、誠に惜しい。此処で「古典」を読むのは実にしっくりと周囲の空気と調和して気持ちがよかったものです。館内の清潔なことも其の特色で、椅子などはふわりとした革張りの贅沢なものでした。此の文庫の特色は、毎月専門の学者を聘して通俗学術講話会を開いたり、時として児童や婦人のために講話会を催したりすることで、講演筆記は印刷して公にしていました。毎年五月二十日前後にその創立記念会があって、貴重な文献や珍しい書物を陳列して公衆に縦覧させました。また閲覧者款話会と言うのがありまして、毎年十一月二日に文庫員と閲覧者とが一堂に会して座談会を催しました。なにかく庫員との間の密接な親しみは、他の図書館では一寸見られぬ嬉しいものでした。今や飯倉の一名物を失ってしまったことは本当に寂しい気がします。本文庫は明治三十二年創立。四十二年公開。それから震災後帝大への寄附となったのです。

『大東京繁昌記』より抜粋
（初出1927年、東京日日新聞）

橡の花
——或る私信——

梶井基次郎

私の部屋はいい部屋です。難を云えば造りが薄手に出来ていて湿気などに敏感なことです。一つの窓は樹木とそして崖とに近く、一つの窓は奥狸穴などの低地をへだてて飯倉の電車道に臨む展望です。その展望のなかには旧徳川邸の椎の老樹があります。その何年を経たとも知れない樹は見わたしたところ一番大きな見事なながめです。一体椎という樹は梅雨期に葉が赤くなるものなのでしょうか。最初はなにか夕焼の反射をでも受けているのじゃないかなど疑いました。そんな赤さなのです。然し雨の日になってもそれは同じ。いつも同じでした。やはり樹自身の現象なのです。一年中で私の最もいやな時期ももう過ぎようとしています。思い出してみれば、どうにも心の動きがつかなかったような日が多かったなかにも、南葵文庫の庭で忍冬の高い香を知ったようなときもあります。霊南坂で鉄道草の香りから夏を越した秋がもう間近に来ているのだと思ったような晩もあります。妄想で自らを卑屈にすることなく、戦うべき相手とこそ戦いたい、そしてその後の調和にこそ安んじたいと願う私の気持をお伝えしたくこの筆をとりました。

1925年10月

『橡の花—或る私信—』より抜粋
（初出：『青空』第9号1925年11月）

第3章　南葵楽堂への道

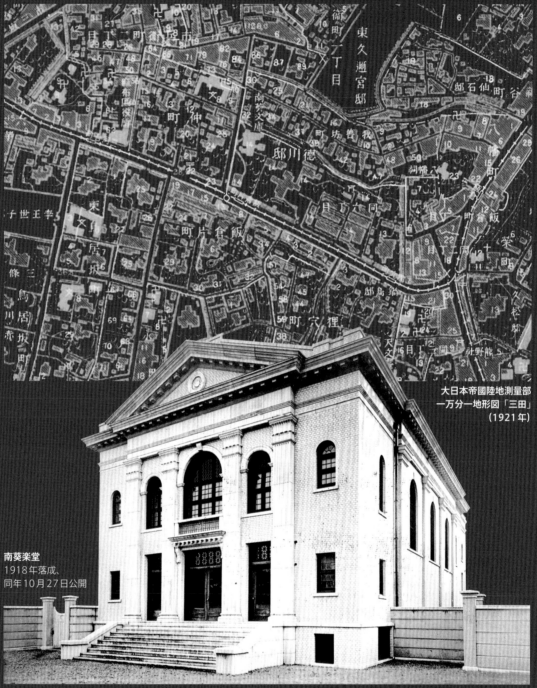

大日本帝國陸地測量部
一万分一地形図「三田」
（1921年）

南葵楽堂
1918年落成、
同年10月27日公開

徳川頼倫の蓄音機から響く音楽に幼少時から親しんだ徳川頼貞（1892-1954）は、音楽に強く惹かれ、ピアノをはじめ音楽の基礎を学んだ。音楽学を学ぶためケンブリッジに留学中、頼貞は共に学んでいた年長の小泉信三に打ち明ける。「父は洋行から図書館事業への志となり南葵文庫を創設した。それは専ら眼から入る教養を目的としたものである。自分は耳から入る教養の機関として、未だ日本に無い完全な音楽堂を造りたいと思うが如何であろうか」。

留学からの帰途ニューヨークに立ち寄った頼貞は、「米国にある多くの美術館、図書館、或いは歌劇場、音楽堂など、いろいろな学問芸術上の施設が、総べてこれらの資産家の寄附で成り立っている事を思って私は色々示唆を受けた」と控え目に語るが、音楽を通じた日本社会への貢献意思は固まり、そして終生揺らぐことがなかった。留学に旅立ってから5年後、頼貞26歳の秋、わが国初の本格的な、それも図書部を備えた音楽堂の扉が開く。　　　　　　　　　　　　　　（美山良夫）

1899 (明治32)	12月	徳川頼倫（1872-1926）、南葵文庫設置。 1902年開庫。1908年増築、同年11月3日一般公開。
1913 (大正2)	9月2日	徳川頼貞（1892-1954）、英国留学のため東京を発つ。 ケンブリッジ大学にて音楽学を学ぶ。 楽譜・古楽書の蒐集に努め、 音楽堂建設を構想・設計、 オルガン製作を依頼。

頼貞が学んだエマニュエル・カレッジ（ケンブリッジ）
前庭に面した回廊

1915 (大正4)	12月7日	頼貞、第1次世界大戦の戦火を逃れ アメリカ経由で横浜帰着。
1917 (大正6)	3月24日	アメリカ人建築家W.M.ヴォーリズ による最終設計図完成、地鎮祭を執行。
	5月17~22日	カミングス・コレクションのオークション 終了後に購入を申込む。
1918 (大正7)	10月27日	南葵文庫大礼紀念館（南葵楽堂）開館式。 南葵文庫第1回音楽演奏会（27,28日）
1920 (大正9)	1月	頼貞が購入した カミングス・コレクションが到着。
	7月3日	パイプオルガン到着。
	10月2日	楽譜、音楽書閲覧開始。 蔵書数：楽譜1264冊、図書（洋書）473冊。
	11月22日	特別音楽演奏会［パイプオルガン設置紀念］。
1921 (大正10)	1~11月	ヨーロッパ再訪、音楽関連施設視察。 プッチーニ、サン＝サーンスらと会う。
1923 (大正12)	9月1日	関東大震災発生、南葵楽堂は損壊。 南葵音楽叢書 発行。

南葵楽堂前に到着したパイプオルガン

ヨーロッパ再訪には日本郵船の航路を利用

徳川頼貞　音楽以外の顔
・侯爵
・貴族院議員、参議院議員
・東京府多額納税者
・財団法人南葵育英会総裁
・松阪徳義社総裁
・日本赤十字社常議員
・日本浮世絵協会会長
・品川区教育会会長
・日希［日本ギリシア］協会会長
・東洋汎太平洋倶楽部名誉副会長
・国際文化振興会副会長
・日伯［日本ブラジル］中央協会副会長
・日波［日本ポーランド］協会副会長
・比律賓［フィリピン］協会会長
・南海鉄道株式会社取締役
・和歌山県立図書館建設後援会総裁
◎東京国立博物館アイヌコレクションの根幹
　となる資料1万点余の寄贈（1927年）
◎万国議員会議等（ロンドン、ベルリン、
　ブリュッセル）に貴族院代表として参列
◎大森兵蔵の妻アニー・シェブレー（日本名
　大森安仁子）が設立した社会福祉施設
　「有隣園」を支援
◎東京で学ぶ和歌山県出身学生への支援など
◎戦前の主な居住地：目黒区上目黒7の1118

徳川邸で開催された有隣園国際親善の集い
（「アサヒグラフ」1926年5月12日号表紙）

🏵音楽への道

徳川頼貞は20歳になるまでに、当時の東京で西洋音楽を体験し、日本にいた優れた音楽教師、音楽を求める先輩や同輩の人々と知りあいました。著書『薈庭楽話』では、その様子が率直に、また懐かしさをこめて回想されています。

南葵文庫開庫式で演奏する永井建子指揮の軍楽隊（1902年）
永井建子（1865-1940）は、軍楽隊員として日清戦争に従軍、フランス留学から帰国した1904年、陸軍戸山学校軍楽隊長になった。《雪の進軍》の作詞作曲者でもある。

オペレッタ 《バルカン・プリンセス》《コルヌヴィルの鐘》
弟の治（1896-1913）とともに楽しみ、購入した楽譜。治のサインが残っている。

少年時代に所有していた楽譜 ▲ピアノ連弾曲集
▼R. ワーグナー　　　　　　▼J. ワーグナー
《夕星の歌》　　　　　　　　行進曲《双頭の鷲の旗の下に》

幼年時代の思い出

　私が三、四歳の頃日清戦争が勃発した。

　私の父は、恰度この頃欧米遊歴の旅から帰って来た。そして当時一般の洋行者のように父もまた西洋かぶれの一人となって帰朝した。それで、家の中は万事西洋式で、子供の教育は西洋式でなければならなかったし、娯楽も日本のものは喜ばれなかった。殊に音楽は、日本のものは遊芸に過ぎないと云って、一顧も与えられなかったばかりでなく、全く禁ぜられた。そして父は周囲の者に命じて、私のために軍歌や軍楽のようなものを聴かせるようにした。また晩餐の後などに父はよく外国から持って帰った蠟管の蓄音器レコードを取り出して、私に西洋の音楽を聴かせてくれた。

蠟管式蓄音機の例

山葉オルガン6号
頼貞10歳の頃、父頼倫が購入した時期のもの。社名は1897年に日本楽器製造に変更されている。

　私の家でも、その頃存命した祖父の図らいで、しばしば旧和歌山藩出身の陸海軍の軍人を招待してこの園遊会を催したが、その園遊会には、色々の催しの中に決って軍楽隊が来て勇壮な軍楽を奏した。美しい服装をした楽士が三四十人整然と並んで、指揮者の棒に従って銀色の笛や金色燦然たる喇叭で楽を奏する情景は、幼い私の心を惹きつけずにおかなかった。それは幼年時代の私の最も印象の深いものの一つである。

（徳川頼貞『薈庭楽話』より）

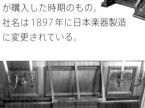

エラール製ピアノ
徳川家にもたらされた頃のアップライト・ピアノ。頼貞は、日本でY.M.C.A.の基礎を築いた英語教授ジョン・トランブル・スィフトの夫人ベル・ウォレス・スィフト（1870-1937）にピアノを師事した。

🏵英国に学ぶ

21歳になって間もない1913年9月から2年余の英国
留学。ケンブリッジ大学での勉強のほか、ロンドンでは
記念写真の顔ぶれ以外にも、澤木四方吉、巽孝之丞らの
リベラルとも交流。そのなかには少壮の学者や和歌山県
人が多く含まれていました。

英国到着時の記念写真（ロンドン、1913年）

ベーリス・ホテル
鎌田栄吉らの定宿、頼貞も
ロンドン到着時に投宿した。

ロイヤル・アルバート・ホール
現在はプロムスの会場として有名。

ロイヤル・オペラ・ハウス（コヴェントガー
デン歌劇場）
《パルジファル》英国初演（1914年）等
を鑑賞。

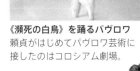

《瀕死の白鳥》を踊るパヴロワ
頼貞がはじめてパヴロワ芸術に
接したのはコロシアム劇場。

頼貞のロンドン・コンサート・ライフ…その足跡を訪ねて

徳川頼貞は、初めて長期にわたって海外に滞在した留学時代（1913-15年）を含めて四度、ロンドンを訪れている。留学先がケンブリッジ大学だったこともあり、留学中のロンドン滞在は、長期休暇中と見逃せないオペラを鑑賞する際などに限られた。一方、第2次外遊（1921-22年）と第3次外遊（1929-31年）では、イギリスでの滞在先はロンドンが中心だった。それは、音楽が最大の関心事だった頼貞にとっては当然のことだったろう。今日と同様、当時のロンドンには、いくつもの劇場が存在し、例えばロンドン交響楽団（1904年創設）をはじめとするオーケストラの公演がおこなわれ、そこは世界から優れた演奏家たちが集まる音楽都市だったからである。

『薔庭楽話』（1941年）を手がかりに、ロンドンで頼貞が訪れた劇場などをたどろう。

頼貞がロンドン到着後（1913年9月下旬）、最初に訪れた劇場は、ストランド近くに位置する、現在イングリッシュ・ナショナル・オペラ及び同バレエの本拠地となっているロンドン・コロシアム劇場（1904年開場）である。その夜の演目は「ヴァライティー」だった。また別の夜には、ロシアのバレエダンサー、アンナ・パヴロワの踊りを視たこともあった。ロイヤル・オペラ・ハウスにもしばしば足を運んだ。頼貞が訪れたのは1856年の火災後、58年に改装された建物だったためか、外観は汚いが内部は華麗と評している。1914年に同劇場でオペラ「ラ・ボエーム」と「パルジファル」を鑑賞した。ロイヤル・アルバート・ホール（1871年開場）では、1914年10月20日の赤十字慈善音楽会で憧れのアデリーナ・パッティの最晩年の歌声に落胆し、

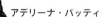

アデリーナ・パッティ

36　南葵楽堂への道

ケム川の風情（1913年と2008年）
ケンブリッジとは
ケム川にかかる橋（ブリッジ）の意。

ケンブリッジ大学
1209年創立。オックスフォード大学に次ぐ古い歴史を有し、31のカレッジから成る。

ケンブリッジ大学では、ネイラー（エマヌエル・カレッジ）をはじめ、スタンフォード、デント、ルーサムら錚々たる教授陣に師事。その範囲もピアノ、作曲から音響学に及びました。合間に資料蒐集につとめ、同宿の小泉信三と音楽堂建設の構想を相談、師にはオルガン製作者の紹介も依頼しています。

三浦環の活躍を祈念している。

　第2次外遊中の1921年には、第2次大戦中の1941年に破壊されるクィーンズ・ホール（1893年開場）を訪れ、当時のイギリス音楽界の大立者ヘンリー・ウッドに面会し、リハーサルを聴いたり、オルガンやオーケストラの編成について多くの教えを受けている。

　『薔庭楽話』に書かれた範囲では、頼貞のロンドンのコンサート・ライフは、それほど豊かではないように見える。しかし、そこにすべてが記録されているとは考えられない。頼貞は、ハイド・パークの周辺を散歩するのがお好みだったようだ。散歩しながら、その夜の演奏に期待をふくらませたに違いない。

（佐々木勉）

photo：Andrew Broadstrokes / Google

ヘッファーズ
創業1876年。現在まで続くケンブリッジ随一の老舗書店。貴重古書籍も扱い、頼貞は帰国後もここに発注した。写真左は書籍カタログ（1923年秋号）。

セント・アンドリューズ通りから見たエマヌエル・カレッジ（19世紀）

キングス・カレッジ礼拝堂
南葵楽堂構想のもとになったとされる。

ネイラーのリコルディ賞受賞作《アンジェラス》
頼貞は1914年3月に初めて聴いたと書き込んでいる。

**ケンブリッジで購入した
J.-J. ルソー『音楽事典』
1793年版**

エドワード・ネイラー（1867-1934）
1908年頃の肖像。頼貞の師で、帰国後も南葵楽堂のために序曲を作曲するなど親交があった。

日本音楽界の明日を見据えて

大戦の直接的な影響が及び始めた1915年秋、頼貞は大西洋をわたりニューヨークへ。陸路アメリカを横断し、同年12月に帰国します。『薔庭楽話』には、その帰途で、みずからが取り組むことになる音楽堂、オルガン、図書楽譜の充実などについて巡らした思いの片々が綴られています。

マンハッタン歌劇場 彩色銅版画（1906年頃）
帰路ニューヨーク滞在中にオーベールのオペラを鑑賞した。この歌劇場は1940年まで上演活動を続けた。

ブルメル・トーマス (1868-1948)
B.トーマスは英国建築のバロック・リヴァイヴァルを主導した気鋭建築家。留学中に知り合い、音楽堂の設計を依頼したが、戦争のため設計図面の到着は予定より遅れた。

セントルイス号（大西洋航路）
全通して間もないシベリア鉄道で渡欧した頼貞は、大戦中のため、当時はまだ中立国であったアメリカ経由で帰国した。就航後20年、頻繁に英米間を往復していたセントルイス号では、チェロ奏者カザルスと乗り合わせた。

「米国にある多くの美術館、図書館、或いは歌劇場、音楽堂など、いろいろな学問芸術上の施設が、総てこれら資産家の寄附で成り立っている事を思って私は大変よい示唆を受けた」（『薔庭楽話』より）

南葵文庫音楽部の活動　蒐集、目録の作成・配布

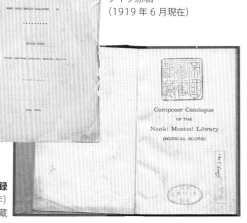

室内楽目録
タイプ原稿
（1919年6月現在）

ドビュッシーの楽譜を一括購入した際の発注控え（1917年）

図書館に寄贈した楽譜所蔵目録
（1917年）
国立国会図書館蔵

春洋丸（太平洋航路）
サンフランシスコから乗船した春洋丸は、日本初の大型貨客船のひとつ。1911年に就役して間もない新鋭船であった。

「この演奏をしている捕虜たちは色々な職業をもった者の集りで、決して音楽の専門家ではなく、暇なときに楽器をいじる、いわば単純な音楽ファンの一味に過ぎないのである。それにも拘らず彼らはベートーヴェンの第九シンフォニーというような大作品を、人に聴かせるためにでなく、自分達のために演奏しようというのである。私はこの音楽に対する真摯な態度に心を打たれざるを得なかった。同時に彼等の教養に対して、また彼等にかくの如き教養を与えたドイツの文化に対して羨ましさを感じずにいられなかった」（同）

島津為子と結婚（1916年7月）

アジア初演の「第九」（1918年6月1日）
徳島の板東俘虜収容所でベートーヴェンの交響曲第9番が演奏された。それを知った頼貞は同年夏、徳島に赴き俘虜たちによる演奏で「第九」の一部を聴いた。

❀カミングス・コレクションの購入

蔵書の充実が急務と痛感していた頼貞は、1917年の夏、避暑をしていた箱根宮ノ下で、故W.H.カミングス蒐集資料が競売されるという記事に接します。直ちにケンブリッジ留学時の師ネイラーに打電、遺族との交渉を経て、この世界有数の個人音楽資料コレクションの多くを購入、南葵音楽文庫は世界でもっとも多くカミングス旧蔵資料を所蔵することになりました。

ウィリアム・ヘイマン・カミングス (1831-1915)
聖歌隊員、声楽家、指揮者、今日も親しまれている讃美歌の編曲者、多くの音楽団体や教育機関の設立者ないし指導者、音楽教師、パーセルやヘンデルの研究者、音楽資料蒐集家、愛書家。

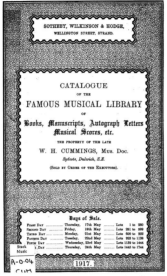

カミングス・コレクション競売目録（ロンドン、1917年）
1744点が5月17・18・21〜24日の6日間にわたり競売された。

130　HANDEL (G. F.) A. L. (*signature cut off, removing half a line of text*) 2 pp. 4to, in French, *à Londres ce* $\frac{10\,d'Août}{30\,de\,Juillet}$, 1731, with full superscription, to his brother-in-law, Monsieur Michaël Dietrich Michaëlsen, Conseiller (*sic*) de Guerre de sa Majesté Prussienne à Halle, en Saxe :

Je vois, par la lettre que vous m'avez fait l'honneur d'écrire du 12 Juillet n. st. en Reponse à ma precedente, et par la Spécification que vous y avez jointe, combien de peines vous avez prises à l'occasion de l'enterrement de ma tres chere Mere. Je suis d'ailleurs tres obligé des Exemplaires de l'Oraison Funebre que vous m'avez envoyés, etc.

*** Handel's autograph letters are EXCESSIVELY RARE.

131　HANDEL (G. F.) An Inventory of the Household Goods of George Frederick Handel, Esq., deceased, taken at his late Dwelling House in Great Brook Street, St. George's, Hanover Square, and By Order of the Executor sold to Wm. Jn. Du Bourk this twenty-seventh of Aug. 1759, by the appraisement of us whose names are underwritten, MS., 4¼ pp. folio, signed at the end James Gordon and William Askew, *bound in mauve velvet, and glazed*

132　HANDEL (G. F.) AUTO. SCORE of the song "*E troppo bella troppo amorosa la Pastorella che t' invaghi mio cor,*" 2¾ pp. oblong folio, *mended*

*** Formerly in the possession of Dragonetti and Vincent Novello, the latter of whom has written a note on the first page, expressing his confidence that the writing is Handel's.

133　HANDEL (G. F.) Some Golden Rules for the attaining to play Through Bass, AUTO. MS. 2 pp. 4to, *mended, glazed and framed*

*** According to two notes in another hand, at the bottom of the second page of the MS., it was given to Court [?Bernard] Granville, of Calwich Abbey, Staffordshire, near Ashbourne, Derbyshire, as instruction in the rules of harmony. The Granville collection of Handel Manuscripts was sold in these rooms on March 28, 1912. Bernard Granville was one of Handel's most intimate friends.

130番
フランス語による手紙。

131番
家財道具目録。

132番
ノヴェッロが所蔵していた声楽曲の自筆楽譜。競売後は人の手を経て作家シュテファン・ツヴァイク（1881-1942）が所有。音楽資料も多数含むツヴァイク手稿コレクションは1986年に大英図書館に寄附された。

133番
通奏低音の演奏を習得するためのいくつかの勘どころ。
←南葵音楽文庫蔵。

競売出品のヘンデル自筆資料に関する記載
（目録15ページより）

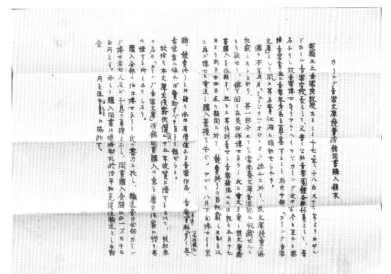

カミングス音楽文庫競売残余図書購入顛末
詳細は『南葵音楽文庫紀要』第1号（2018年、和歌山県立図書館）に収載（篠田大基）。
※同第2号（2019）収載「カミングス文庫とW.H.カミングスをめぐって」（佐々木勉）でも解説。

カミングスへの手紙
ヘンデル資料についての照会に王立音楽院図書館員が答えたもの（最後のページ）。
（1887年2月）

カミングス文庫は「博物館の価値」

頼貞が購入したカミングス旧蔵資料は、1920年はじめに南葵文庫に到着しました。整理にあたったひとりである兼常清佐は、「この文庫の意味は、正にそれが一つの博物館であるという処に存します。この文庫の価値は、或る博物館のもつ価値であります」と、驚きを隠しませんでした。

パーセル
聖セシリアの祝日のためのオード《来たれ、すべての歓喜よ》（ロンドン、1684年）の装幀
意匠を凝らして装幀をほどこした書物を多く含むコレクションは、さながら5世紀にわたる西洋の造本技術と装幀芸術の万華鏡である。

This edition is the same as the quarto in regard to matter and printed page — but it is enriched by ornamental borders on each page. The magnificent frontispiece, the title page, and folios of dedication also differ. Only a very few copies of the book were issued in this enlarged form, expressly for presentation to Royalty. W.H.C.

マルティーニ『音楽史』第1巻
特装版の表紙見返し（部分）
カミングスは所蔵した資料に蔵書票を貼り、しばしばコメントを記している。この大判の『音楽史』（72ページ参照）について、通常の版との違いを指摘し、王家のために限られた部数が作成されたのであろうとしている。コレクションには多数の手稿、初版や限定出版などの稀覯資料が含まれている。

ヘンデル
オラトリオ《メサイア》より
〈大いに喜べ Rejoice greatly〉
ヘンデルの弟子で最側近として仕えてもいたJ.C. スミスが、何らかの理由でト長調に移調した手稿。カミングス文庫には、自筆楽譜、作曲家の近くで成立した筆写楽譜、演奏に用いた楽譜等が多数含まれている。

ロレダーノ「信仰の階梯」
（ロンドン、1681年）
表紙見返し
マーブル紙に歴代の所蔵者による蔵書票が貼られ来歴が明らか。著名な所蔵者による書き込みが残る手沢本も多い。

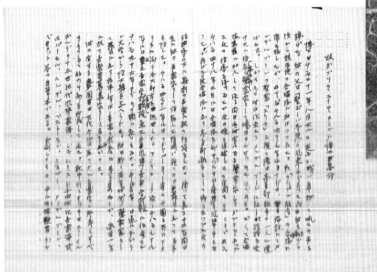

「故ダブリウ・エイチ・カミング博士畧伝」
コレクション総数が約6000点であったと記されている。

南葵楽堂

1918年10月27日、東京麻布の徳川邸内、南葵文庫の南に、わが国初の音楽専用ホールが完成し、公開。最終設計はW.M.ヴォーリズが担当しました。

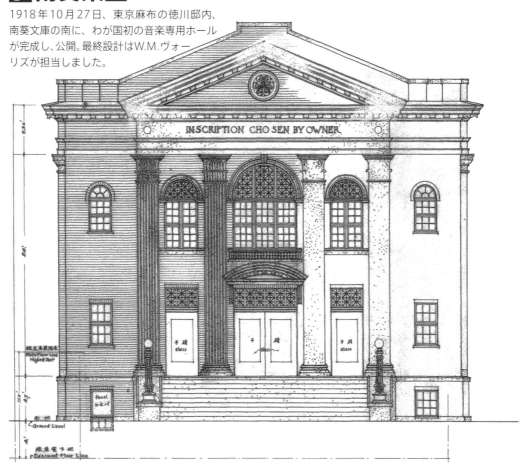

徳川侯爵家の音楽堂

ウィリアム・M・ヴォーリズ

　如何なる建築にも当て嵌まる建築上の標準が三つある。第一は外観、即ち眼に快感を与えるか、均整が取れているか、色の効果は如何であるかということであり、第二は耐久性、即ち絶えず修繕をしないで永く保つか否かということであり、第三は使用に適しているか如何かということである。

　我々は、此の楽堂の外観に就ては申述べる必要がないと思うのである。それはこの楽堂を見た人がそれを好まなければ、どんな議論や理由を以てしてもそれを美しいと信じさせることは出来ないからである。

　次に耐久性に関しては、耐火、耐震、耐久上の最優良品として有名なカーン・システムの鉄筋コンクリートの建築であるということで充分であると信ずる。

　第三の、使用目的に適するや否やの問題は、我々建築家が設計に当って、最も考慮

を費した事柄である。弱くして役に立たない美しい建物を建てることも決して有り得ないことではない。我々はこの建物の目的が、教育的文化的意義を有するが故に、古典様式を最も適わしいものとした。それ故我々は英国の著名な建築家サー・ブルメル・トーマス氏が我々のこの選択を裏書さされたことを非常に愉快に思ったのである。我々の設計が出来上って後、トーマス卿から送られた図面は、実際上、規模に於ても様式に於ても我々の考えと同じであった。

　美術、音楽、教育、精神文化等、人類最高の希望は、古典様式かゴシックの孰れかにその最も適わしい住家を見出すのであるが、我々には建物が、その国の人々に、崇高にして貴重なる貢献をなさんとする立派な目的を表現するためには古典様式が最も適わしく考えられるのである。

　此処に附加するまでもなく、我々は東洋に於けるこの種の記念建築物の最初の建築に携わった光栄と責任とを深く感ずるものである。　　　　　1918年10月27日

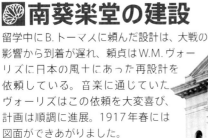

南葵楽堂の建設

留学中にB.トーマスに頼んだ設計は、大戦の影響から到着が遅れ、頼貞はW.M.ヴォーリズに日本の風土にあった再設計を依頼している。音楽に通じていたヴォーリズはこの依頼を大変喜び、計画は順調に進展。1917年春には図面ができあがりました。

南葵楽堂

正面の上部には南葵文庫のマーク「捻じ葵」から考案した酢漿（カタバミ Oxalis）の紋をあしらい、入り口階段と4本の柱は水戸近郊の稲田産御影石を用いていた。

1917（大正6）年
　3月24日 地鎮祭
　9月15日 定礎
1918（大正7）年
　7月30日 完成
　10月27日 開堂式

南葵楽堂メインフロア平面図

客席数350。石段をあがりエントランスを入ると、半地下の書庫と閲覧室、階上のギャラリーに通じる階段が左側にある。舞台奥にはオルガンを収容するスペースが用意されている。［南葵文庫］大礼紀念館は、当初の正式名称。

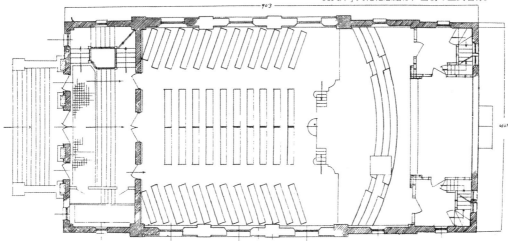

大禮紀念館

ウィリアム・メレル・ヴォーリズ (1880-1964)

アメリカ生まれの伝道者、教育者、建築家、社会事業家。メンソレータムを日本に広め、ハモンドオルガンを輸入した実業家。関西学院、明治学院などの学校や教会の建築を多く手がけた。

NANKI AUDITORIUM

開堂時関係者に配布。すべて英文で、概要のほかB.トーマス、W.M.ヴォーリズ、N氏（ネイラー？）が寄稿。頼貞は翻訳を『薔薇窓刊』に掲載した。

NANKI AUDITORIUM

TOKYO, JAPAN

ヴォーリズが
徳川夫妻に贈った
写真と署名日付
（1916年9月5日）

南葵楽堂への門

南葵楽堂の音楽会

徳川頼貞は、日本で演奏されていない重要な作品を南葵楽堂で紹介しようと努めました。1921年の頼貞の「外遊」は、「多年計画しておられた音楽図書館の事業や音楽会のマネージメント、その他南葵楽堂に関して更に完璧を期せられるべき目的を以て」と報道されています。帰国後、楽堂の音楽会は、知遇を得た国際的音楽家を軸にした室内楽が主流となり、また楽堂を他の団体の使用に供する場合も、国際交流や教育・慈善目的にほぼ限られていました。ここには、単なるパトロンをこえ、私設音楽堂のミッション探求とその実現に注力する「芸術監督徳川頼貞」の姿が映っています。

**グスタフ・クローン
(1874- ?)
肖像写真　署名入り（1920年）**
ベルリン・フィルハーモニーのヴァイオリン奏者。12年間東京音楽学校で教え、その間にベートーヴェンの交響曲のうち6曲の日本初演を指揮。南葵楽堂では開館記念音楽会のほかベートーヴェン生誕150年を記念した音楽会などで指揮。

**開館記念「第1回秋期音楽会」
1918年10月27-28日**
ベートーヴェンのピアノ協奏曲第5番《皇帝》全曲の日本初演が含まれていた。

**哀悼曲大演奏会
1920年3月18日**
収益はY.M.C.A.事業に寄付。

**英国軍楽隊歓迎音楽会
1922年4月20日**
軍艦レナウン号の軍楽隊。武岡鶴代（ソプラノ）らとの共演を実現した。

頼貞に宛てたチェロの名手J.ホルマンの手紙（ニューヨーク、1922年2月3日）
パリでサン＝サーンスから日本行きをすすめられたホルマンに、頼貞は何度も手紙を送り、南葵楽堂だけでなく国内各地での音楽会実現に尽力した。

ホルマンと徳川夫妻

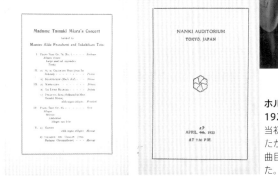

**三浦環を迎えての臨時演奏会
1922年5月21日**

**ホルマン歓迎音楽会
1923年4月28日**
当初4月7日に計画されていたが、皇族に不幸があり延期、曲目・出演者も一部変更された。

※南葵楽堂における音楽会の詳細は、篠田大基「南葵楽堂の演奏会プログラム」（和歌山県立図書館『南葵音楽文庫紀要』第2号、2019年）でも解説。

南葵楽堂のパイプオルガン

頼貞が師ネイラーの紹介で注文したオルガンは1920年に到着、急ぎ招聘した技術者のもと、ガントレットらの協力により、日本最初の本格的パイプオルガン設置が実現しました。

アボット・アンド・スミス社
ロンドンのオルガン製造会社ウィリアム・ヒルで経験を積んだアイザック・アボットとウィリアム・スミスが、1869年英国リーズに設立、1889年以後1964年までスミスとその息子、孫が製作にあたった。

ストップ・リスト（仕様書）の例

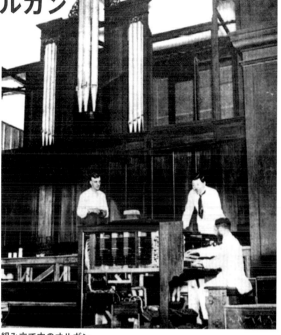

組み立て中のオルガン
試奏するガントレット、見守る技術者プリッチャードと頼貞。

No.	GREAT ORGAN.		Pitch in Feet	Number of Pipes
1	Double Stopped Diapason	Metal & Wood	16	61
2	Open Diapason	Metal & Zinc Bass	8	61
3	Stopped Diapason	Metal & Wood	8	61
4	Gamba	Special Metal	8	61
5	Principal	Metal	4	61
6	Harmonic Flute	Metal	4	61
7	Fifteenth	Metal	2	61
	TOTAL: SEVEN STOPS		Pipes	427

	SWELL ORGAN.			
1	Bourdon	Metal & Wood	16	61
2	Open Diapason	Metal & Zinc Bass	8	61
3	Fluto à Cheminée	Metal & Wood	8	61
4	Echo Gamba	Special Metal	8	61
5	Vox Angelica, (T. C.)	Special Metal and Tin	8	49
6	Octave	Metal	4	61
7	Dulciana Mixture, 3 ranks	Metal		183
	TOTAL: SEVEN STOPS		Pipes	537

	SOLO ORGAN. Enclosed in a Swell Box.			
1	尺八	Wood	8	61
2	Viol da Gamba	Special Metal	8	61
3	Dulciana	Metal & Zinc Bass	8	61
4	Cor Anglais	Spotted Metal	8	61
5	Clarionet	Spotted Metal	8	61
6	Harmonic Tromba, (on heavy wind)	Metal	8	61
	TOTAL: SIX STOPS		Pipes	375

The Tromba is carried down an octave for use as No. 5 on the Pedal Organ.

南葵楽堂オルガン設置時のストップ・リスト
（『南葵文庫概要
大正九年』より）

南葵楽堂に到着したオルガン

晩年のエドワード・ガントレット（1868-1956）夫妻
ロンドンで音楽などを学び渡米、宣教師として来日、岡山中学教師（夏目漱石『三四郎』に登場）に自費でオルガンを輸入し自身で設置、演奏。日本各地で英語教師を務める。山田耕筰の姉である恒と結婚。

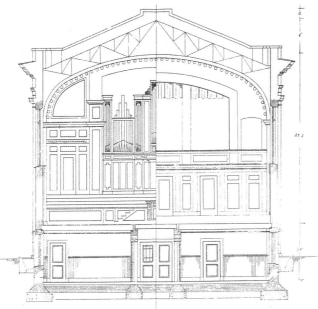

南葵楽堂は、当初からオルガン設置をふまえて設計された最初の音楽専用ホールでしたが、1923年9月1日、関東地方を襲った激震で損壊してしまいます。幸いオルガンは無事で、多くの人の努力によって、今も旧奏楽堂（重要文化財）のなかで音を響かせています。

オルガン完成記念の音楽会
1920年11月21〜24日
2つのプログラム各2公演開催、オルガンは中田章、ガントレットが演奏。来日中のチェリスト、ボグミル・シコラも出演。
このなかで、南葵楽堂のために頼貞の師ネイラーが作曲した序曲《徳川頼貞》が初演された。

オルガン披露日のシコラと徳川夫妻
南葵楽堂前にて。

南葵楽堂で演奏する
中田章（1886-1931）
『音楽界』1921年1月号より。

NANKI CONCERT HALL
（1924年、英文27ページ）
関東大震災で損壊した翌年、ヴォーリズらによる紹介文と主催演奏会の記録をまとめて刊行。

ホルマン告別コンサート
1923年5月26日
関東大震災前、南葵楽堂主催の最後の演奏会。ベートーヴェンの《「見よ勇者は帰る」の主題による12の変奏曲》日本初演、頼貞に献呈したホルマン自作《アンダンテ・カンタービレ》の初演がおこなわれた。

東京音楽学校に寄贈されたオルガン
頼貞は1928年にオルガンを東京音楽学校に寄贈、奏楽堂に移置され、日本のオルガニスト育成に貢献した。解体と組みたては日本楽器製造が担当、オルガン建造技術の向上にも貢献した。1983年、台東区は奏楽堂を譲り受け上野公園に移築、1987年には「台東区立旧東京音楽学校奏楽堂」として開館、オルガン披露から98年を経た2018年11月に建物とともにオルガンの修理が完成し、今も活用されている（2018年撮影）。

⬥ヨーロッパ再訪

第一次世界大戦の終戦からおよそ2年後の1921年1月、頼貞は夫人とともに再びヨーロッパの土を踏みました。そこには世界が知る老大家と次々に面識をもち、臆せず自分の意見や希望を語る頼貞の姿がありました。

プッチーニの
肖像と署名

プッチーニが頼貞夫人に
贈った「ある晴れた日に」の冒頭楽譜

頼貞来訪時のローマ歌劇場（コスタンツィ劇場）の客席

プッチーニに届かなかった楽譜

1921年、徳川頼貞はローマで、イタリア・オペラの大作曲家、ジャコモ・プッチーニ（1858-1924）と会った。プッチーニからオペラ《蝶々夫人》の感想を尋ねられた頼貞は、二、三の質問の後にこう言った。

「なぜもう少し日本の曲をご研究されなかったのですか」

プッチーニの代表作《蝶々夫人》は日本の長崎が舞台のオペラ。音楽には《さくらさくら》などの日本の旋律も登場する。しかしプッチーニは曲の意味を理解して日本の曲を使ったわけではなかった。だからオペラの場面とそこで使われる日本の曲とが、ちぐはぐな印象を与える。頼貞はそう伝えたのだった。日本人でなければ分からない指摘だった。

頼貞の答えに感銘を受けたプッチーニは、ある頼みごとを切り出した。いま中国を舞台にしたオペラに取り組んでいる。中国の音楽の楽譜がほしい、というのだ。頼貞は早速、彼の友人で東洋音楽学者の田邊尚雄に連絡をとった。田邊は楽譜を小包で送り、プッチーニにも曲の意味が分かるようにと、別便で解説の手紙も送った。

しばらくして田邊のもとにプッチーニから手紙が届いた。楽譜が届かないというのだ。楽譜は盗まれたのかもしれず、あるいは政府に没収されたのかもしれなかった。第一次世界大戦中には五線譜が暗号として利用されたこともあったのである。

プッチーニの未完の遺作となった《トゥーランドット》。中国が舞台のこのオペラは、もし田邊の楽譜が届いていれば、まるで違ったものになっていただろう、と頼貞は回想している。

（篠田大基）

ローマのアウグステオ音楽堂
ニキッシュ指揮による
練習に深く感銘。

頼貞のために便宜をはかった
サン・マルティーノ伯爵
アウグステオ音楽堂の
館長でもあった。

ホルマンとサン＝サーンスの肖像
（ナダール写真館）

サン＝サーンスが
頼貞夫人に贈った楽譜
（1921年5月18日）

ローマからイタリアを巡り、パリ、ロンドンへ。大戦後の芸術活動沸騰の息吹を各地で感じながら、頼貞は私立の音楽機関を訪ねまわり、大音楽家の来日を打診し、欠けている楽譜や楽器を購入します。

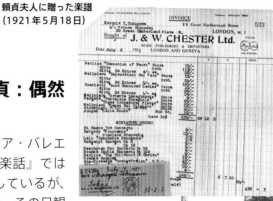

チェスターへの
注文（ロンドン
1921年6月）
マリピエロやストラヴィンスキー《火の鳥》を含む。

プロコフィエフと頼貞：偶然の再会から

頼貞は、パリ滞在中にロシア・バレエ団の公演に出かけた。『薔庭楽話』では会場をシャンゼリゼ劇場としているが、正しくはゲテ・リリック劇場。その日観たのは《火の鳥》《春の祭典》等であったというから、5月23日の「ストラヴィンスキー・ガラ」であろう。同じ日に《ペトルーシュカ》も上演されたはずである。『薔庭楽話』によれば、客席で思いがけずプロコフィエフと再会し、彼の紹介でストラヴィンスキーにも出会っている。

この年、ロシア・バレエ団公演の目玉のひとつは、プロコフィエフの音楽による新作《道化師》で、作曲者がこの時期パリにいたのは、この上演のためであった。しかし、肝心の《道化師》を頼貞が観たという記述はない。別の日にも出かけていれば新作を作曲者自身の指揮で聴くことができたはずだが、下調べもせずにふらりと出かけたのだろうか。あるいはストラヴィンスキーの三大バレエがお目当てだったということか。5月23日の公演自体について『薔庭楽話』には何も記していないが、翌6月にロンドンで《火の鳥》（1919年版の組曲）の楽譜を注文しているので、プロコフィエフから紹介されたストラヴィンスキーと彼の音楽に、なにか感得するものがあったのかもしれない。 （近藤秀樹）

往時のサン・ジャック通り
右側はダンディらが設立した音楽学校スコラ・カントルム。

晩年のダンディ（1931年）
死後に夫人より頼貞に送呈された。

『指揮者ヘンリー・ウッドに関して』
（頼貞の自筆稿）

指揮するヘンリー・ウッド
（1922年）
頼貞は日本のオーケストラ充実のために楽器購入を相談

❀J. ホルマンと徳川頼貞

日本各地での演奏を終え、叙勲をうけたJ.ホルマンは、グァルネリ製の愛用楽器を日本に残し、長い演奏活動を日本で閉じることにしました。頼貞は小宴を催し、ホルマンへの感謝を伝えました。

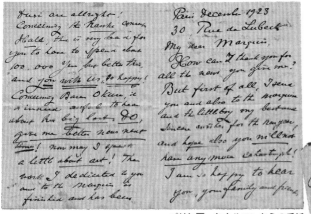

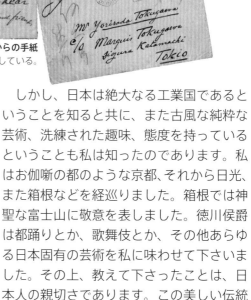

パリに戻ったホルマンからの手紙
関東大震災の被害を気遣い、頼貞へ献呈する作品に言及している。

　席上、在京外交団の主席バッソンピエール ベルギー大使は立って、ホルマン翁の今度の破格の叙勲は翁の光栄は申す迄もないことながら、在留外国人の等しく名誉とするところであると述べて、盃を挙げて我が 天皇皇后両陛下の万歳を祝した。この時庭に控えていた戸山学校の軍楽隊は嘲 哢（りゅうりょう）と「君が代」を奏した。「君が代」が終ると私は立って、ホルマン翁の如き大芸術家を生んだオランダのウィルエルミナ女皇陛下のために乾盃したいと述べて盃を挙げた。一同これに和すと、同時に軍楽隊はオランダの国歌を奏した。

　儀礼上のことが終ると、ホルマン翁は目に一杯泪を浮べながら立って次のような挨拶をした。その姿を今も私は忘れることが出来ない。

　「皆さん、私のこの度の日本訪問は、私にとって一生涯忘れられない思い出となりました。数年前パリで、ヨーロッパ巡遊中の徳川侯爵御夫妻にお目に掛りました時、侯爵は日本に来ないかとお勧めになりました。東洋の風物に接したいということは私の多年の宿望でありましたので、私は侯爵のお言葉に従って日本に参りました。この日出する国で私の見たものは、第一に股賑を極めた都会、蜂の巣のように密集した建物、轟々たる鉄道でありました。泰西の文物の取り入れは急進活躍する日本を導く燦然たる炬火でありました。

　しかし、日本は絶大なる工業国であるということを知ると共に、また古風な純粋な芸術、洗練された趣味、態度を持っているということも私は知ったのであります。私はお伽噺の都のような京都、それから日光、また箱根などを経巡りました。箱根では神聖な富士山に敬意を表しました。徳川侯爵は都踊りとか、歌舞伎とか、その他あらゆる日本固有の芸術を私に味わせて下さいました。その上、教えて下さったことは、日本人の親切さであります。この美しい伝統こそ日本文化の総てを第一列に持って来たところのものだと思います。

　私は日本で私の一生を通じて最も大きな歓迎と賞賛とを受けました。確かに多くの日本の人々は泰西の芸術に動かされております。我々芸術家はその役目が音楽の鑑賞のためという以上に更に意義あるものであると思います。それは芸術という綱によって国際間の友誼を固めるものとなるからであります。私が音楽会で演奏することは、私には故国からの使命を伝えるように感じます。また日本とオランダとの特別な友好関係は、私をしてその使命を果す事を容易にさせたと信じます。私は近く日本を去ることとなりました。特別の思召によって、未だ栄人が受けたことのない高い名誉の勲章を戴き、懐かしい思い出を胸に収めて私は第二の故郷パリに帰ります。皆さん御機嫌よう。」　　徳川頼貞『薔庭楽話』より

第4章　南葵音楽図書館〜理想をもとめて

3篇の『南葵音楽叢書』
訳者 門馬直衛　編輯兼発行者 喜多村進
発行所 南葵文庫音楽部　発売所 岩波書店

叢書の刊行は、資料公開、音楽堂運営に次ぐ重要なステップであった。発行日は1923（大正12）年9月1日。その日、巨大地震が関東を襲った。

徳川頼貞と南葵音楽図書館

徳川頼貞は父頼倫の南葵文庫閉鎖後、1924（大正13）年秋に旧音楽部蔵書を継承し、留学時代から抱いていた音楽専門図書館の創設にとりかかった。事業の空白を避ける意味もあって、一旦「南葵楽堂図書部」を設け、資料の整理と公開を再開。翌1925年10月、「南葵音楽事業部」を創設、附属「南葵音楽図書館」が開設された。事業部の運営にあたる評議員会には、南葵文庫時代からの鎌田栄吉、小泉信三に、田村寛貞、兼常清佐、遠藤宏、辻荘一など若手の研究者、また音楽部以来資料整理にあたってきた喜多村進が加わった。ケンブリッジで音楽学を学んだ頼貞にふさわしい布陣である。頼貞の事業部構想は音楽図書館の蔵書の充実をはかること、そしてその上で本格的な音楽研究の途を拓くことにあった。

（林淑姫）

1923 (大正12)	9月1日	関東大震災発生、南葵楽堂は損壊。 南葵音楽叢書 発行。
1924 (大正13)	7月4日	南葵文庫蔵書を東京帝国大学図書館に寄贈。 文庫の建物も貸与（1928年まで）。
	10月2日	南葵楽堂図書部開設、南葵文庫事務室にて一般公開。 資料整理、組織検討。
1925 (大正14)	5月19日	徳川頼倫逝去。
	10月	南葵音楽事業部設立。 附属の南葵音楽図書館開設。
1927 (昭和2)		M.フリートレンダー蔵書の一部を受贈。 ベルリンで貴重書購入。
1928 (昭和3)		この頃、J.ホルマン旧蔵楽譜、 小山作之助旧蔵音楽書楽譜受け入れ。
	11月	旧南葵楽堂備え付けのパイプオルガンを 東京音楽学校に寄贈。
1932 (昭和7)	11月30日	南葵音楽図書館閉館。
1933 (昭和8)	4月	南葵音楽図書館蔵書、 寄託先の慶應義塾図書館で公開。
1941 (昭和16)	11月	徳川頼貞『薔庭楽話』 （私家版）印刷
1943 (昭和18)	3月30日	徳川頼貞『薔庭楽話』 （春陽堂書店）刊行
1945 (昭和20)	6月	東京大空襲（3月、5月）。徳川頼貞、 寄託を解約、慶應義塾図書館より搬出。

南葵楽堂図書部　表札

南葵音楽図書館利用者のための紹介状綴から

大正期の慶應義塾図書館

南葵音楽図書館の蔵書中もっとも注目されたコレクションは、南葵文庫時代に受け入れたカミングス文庫である。グーテンベルク時代のインキュナブラから19世紀に至る作曲者自筆譜、筆写譜、初版譜、書簡、文書によって構成される同文庫の史料的価値は国際的な定評を得ていたが、南葵蔵書はそればかりではない。研究書、雑誌の充実をはかり、楽譜は個人全集、音楽史の体系的叢書やアンソロジーを万遍なく蒐集することとし、ラヴェルやストラヴィンスキーなど同時代の作曲家も視野に入れ、研究図書館として目配りのきいたコレクションを形成している。頼貞は自ら欧米の古書店、出版社におもむき、次々に目を通し、図書館予算を上回る場合にはポケットマネーで費用をまかなったという。研究のための文献ばかりでなく演奏のためのパート譜も完備、南葵所蔵の楽譜を使用した日本初演も少なくない。蔵書整理法は当時の世界的動向に添って研究された。館内には閲覧室のほかに試奏用ピアノ室、レコード試聴室も備えられていた。南葵音楽図書館はまさに音楽の宝庫であり、理想的な学びの場であった。

研究室（Nanki Music Institute）の仕事は当初、入門的な評論の翻訳が主であったが（南葵音楽叢書）、次第に研究員たちの研究の成果を問うものに進展していく。カミングス文庫の目録と資料解題（辻荘一、兼常清佐）、雅楽（催馬楽）の五線譜化（兼常清佐）、発見されたヘンデル《グロリア・パトリ》の翻刻と校訂（辻荘一）、民族音楽文献目録（遠藤宏）が次々に刊行され、日本における音楽学の基礎的課題に取り組んだ。

南葵音楽図書館は、1932（昭和7）年、徳川家の財政事情により閉館を余儀なくされる。短命ではあったが、時代の動向をも映した上質な蔵書と的確な組織運営は100年後の日本にあっても優れた模範を示している。しかし当時の音楽界がどれほどその意味と価値を理解していたかは疑問である。時代を大きく先取りした南葵音楽図書館。頼貞の識見とまなざしに日本の社会が追いつくためには少なからぬ時間を必要とした。

🏵 図書館人　徳川頼貞

「父頼倫は専ら眼から入る教養を目的とした図書館事業に志した。自分は耳から入る教養の機関として音楽堂を造りたい」としながらも、図書館の充実は常に頼貞の心を占め続けました。戦後は参議院議員として、新設される国立国会図書館に、ワシントンの議会図書館を範として音楽部門を設置するための法改正に尽力しています。

和歌山県立図書館建設後援会
協賛者御芳名録（和歌山県立図書館蔵）
建設資金の半分は地元負担のため、1933（昭和8）年10月、頼貞は後援会の総裁となり募金活動に貢献した。

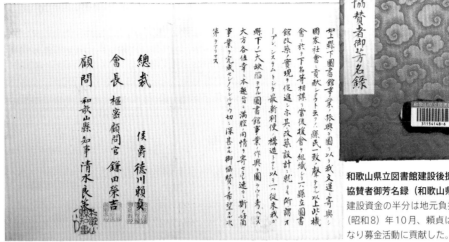

新嘉坡葵南会紀念（和歌山県立図書館蔵）
シンガポールの和歌山県人会が頼貞らの訪問時に作成した写真帳。南葵文庫旧蔵。頼貞が県立図書館に寄贈した資料のひとつ。

鎌田栄吉『南の旅』
（慶應義塾図書館蔵）
の書票
自らが関係する出版物の多くを図書館に寄贈しつづけた。

所蔵楽譜目録（1920年）
1920年当時の寄贈印は頼貞個人名であった。

「音楽堂地下室の某日」

　地下室内の書庫、それは一面閲覧室にもなる設備をしてあった。書架は三方の壁に取り付けられ、所謂公開式になり金網の扉が、それぞれに着けてあった。

　執務中、時に玄関の呼鈴が鳴る。そして私は、そこに自動車から降りて来られる頼貞侯を迎える日がある。

　「御苦労」

　柔和な微笑をたたえながら地下室へ降りて行かれる。

　「どう？」

　何ということなく、こうした質問をかけられる。そこには汲みつくせぬ部下をいたわる愛情が満ちあふれている。

　一人で何もかも整理する以上、仲々思うように仕事は捗らぬ。頼貞侯は勿論それを責めるような眼で見られなかった。

　書架に列んだ図書や楽譜の数々を眺めながら、楽しんで居られた。

（喜多村進『徳川頼貞侯の横顔』第6章から抜粋）

🏵南葵音楽事業部

徳川侯爵家における社会事業の機関として1925年に設立。調査研究、教育普及（演奏・講演）、閲覧とその支援を柱に、わが国に類を見ない画期的な構想のもとで事業がすすめられました。

音楽図書館は1924年10月から公開。
旧南葵文庫建築物を使用。

■目的

一 音楽に関する研究調査著作等を助成し其道の普及発達を奨励すること

二 専門家に委嘱して特殊の研究、調査を為し又は有益なる文献を出版すること

三 音楽堂を設立し音楽演奏会及び講演会等を開くこと

四 音楽図書館を設け音楽図書楽譜等を蒐集して之れを一般に公開すること

五 其の他本事業部の目的を遂行するに必要と認めたること
（「南葵音楽事業部規則」第二条）

『南葵音楽事業部摘要第一』
（1929年）目次

■成り立ち

　南葵音楽事業部は徳川頼貞侯畢生の事業の一として本邦に於ける音楽文化の発達増進のため聊かたりとも貢献せんとの意志に依って設定されたものであるが沿革を述べるに当たっては尚お旧南葵文庫公開当時に於ける音楽図書部の事に遡らねばならない。

　彼の大正十二年九月一日に激発した関東地方大震災の時東京帝国大学付属図書館はその震火に見舞われ所有の建築物と共に収蔵せる図書文献を烏有に帰するの止むなきに至ったのである。時に当時南葵文庫主たりし故徳川頼倫侯はその災害を邦家のため悼まれ遂にその所管せる南葵文庫を挙げて東京帝国大学に寄贈することに決意され斯て大正十三年七月四日に至り授受の手順を終り従来の南葵文庫は東京帝国大学の管理する所となったわけである。然しその際音楽堂及び南葵文庫蔵書中音楽書並楽譜（音楽書八白六十五冊楽譜一千八白二十九冊）は寄贈項目より除きて新に之を頼貞氏の所管に移し南葵楽堂図書部として大正十三年十月二日より旧南葵文庫事務所に於て一般

徳川頼貞 1925年

閲覧の事務を執ることになったのである。

　茲に於て大正十四年二月より兼常清佐氏圖師尚武氏遠藤宏氏辻荘一氏等の援助に由り蔵書の整理に着手し同時にその組織の改善を謀り委員を設けて協議の結果同年十月には南葵音楽事業部規則の制定を見るに至ったのである。而て南葵楽堂図書部は此時より南葵音楽図書館と改称し該事業部の一事業として今日に至ったのである。

　　　（『南葵音楽事業部摘要第一』「沿革」）

紀州の人脈、気鋭の研究者

1929年4月20日に発行された『南葵音楽事業部摘要第一（昭和4年）』には、事業部の役員、図書館の職員一覧が掲載されています。頼貞自身が部長、図書館長をつとめ、和歌山出身で徳川家ともつながりがある識者、気鋭の研究者が評議員に並び、南葵文庫時代からかかわりのあった喜多村進が掌書長（主任司書）に迎えられていました。

南葵音楽事業部　評議員（＊は理事兼務）

鎌田栄吉（1857-1934）
紀伊国生まれ。徳川茂承の命で慶應義塾に学び、徳川頼倫の渡欧に同行、衆議院議員、慶應義塾塾長などを歴任、同時に紀州徳川家の顧問であった。

上田貞次郎（1879-1940）
経営学者。東京商科大学（現・一橋大学）学長。飯倉の旧紀州藩邸内で生まれる。父は紀州藩校寮長などをつとめた上田章。頼貞の留学に同行。

小泉信三（1888-1966）＊
経済学者。慶應義塾塾長。父は旧紀州藩士で慶應義塾塾長や横浜正金銀行支配人をつとめた小泉信吉。頼貞と同時期ケンブリッジ大学に学んだ。文化勲章受章。

田村寛貞（ひろさだ）（1883-1934）
音楽学者。東京音楽学校教授。学習院時代の友人を軸に音楽奨励会を結成、西洋音楽受容をすすめた。著書多数。

上野直昭（1882-1973）
美学、美術史学者。東京帝国大学に学び、東京美術学校校長、東京国立博物館館長などを歴任。文化功労者。音楽奨励会の幹事を田村寛貞から引き継いだ。

兼常清佐（かねつねきよすけ）（1885-1957）
音楽学者、評論家。京都帝国大学に学ぶ。音楽を中心に厖大な著作を残し、南葵音楽図書館からは催馬楽の研究を出版した。

圖師尚武（ずしひさたけ）（1892?-不詳）
父は会計学の草分けで鉄道院経理部長圖師民嘉。頼貞と学習院で同期。学習院高等学科を卒業後、東京市大理学部に入学。辻邦生『樹の声 海の声』に登場。

黒田　清（1893-1951）＊
父は日露戦争で軍功のあった陸軍大将。伯爵黒田清仲の養子。東京帝国大学に学び、フランスに音楽研究のため留学、帰国後は国際文化振興会常務理事など歴任。

辻　荘一（しょういち）（1895-1987）
音楽学者。田村寛貞に師事、南葵音楽図書館からヘンデルの校訂楽譜刊行（55、80、92ページ参照）。戦後は日本音楽学会初代会長、立教大学教授をつとめた。

遠藤　宏（1894-1963）
音楽学者、指揮者。東京帝国大学美学科を卒業。明治音楽史、滝廉太郎についての著作を残し、東京音楽学校、北海道大学等で教授を歴任した。

木岡英三郎（1895-1982）
オルガン奏者。東京音楽学校を経て欧米でオルガン演奏を学ぶ。帰国後キリスト教音楽の啓発、『讃美歌』の編纂、オルガンの設置、楽譜出版など演奏以外でも幅広く活動した。

山東誠三郎（1888-不詳）＊
和歌山県御坊出身。慶應義塾に学び、頼貞の英国留学に同行しロンドン大学に学ぶ。帰国後は徳川家家職として財務を担当。

評議員には、**高見廉吉**＊（南葵楽堂主事）、**宮澤宗助**＊（南葵音楽図書館主事）、**喜多村進**（同掌書長）も加わっていた。

南葵音楽図書館

館　　長	**徳川頼貞**	巡　　掌	**宮田作太郎**
主　　事	**宮澤宗助**	タイピスト	**朝倉照子**
掌 書 長	**喜多村進**	装 潢 匠	**庄司浅水**
掌書見習	**大場照子**		

装潢匠（そうこうしょう）とは、書物の保全、製本と装幀の業務を担う役職で、庄司浅水（1903-1991）は、図書館附属の製本室に勤務しつつ蔵書を研究、後に古典籍やその装幀の歴史や技法に関する諸作を残した。

🎵「第九」を日本で

南葵楽堂の開堂音楽会にベートーヴェンの第九交響曲演奏を熱望しながらも、当時のオーケストラでは不可能であると知り断念した頼貞でしたが、夢の実現へ向けた尽力をつづけました。南葵音楽文庫には、日本人による初演実現を陰で支えた頼貞の足跡とドキュメントが残されています。

「第九」初演地〜板東俘虜収容所（徳島県鳴門市）
1918年6月1日俘虜たちが日本初演。同年8月、頼貞は現地に出向いて演奏を聴き、音楽の専門家でない者が自分たちのために「第九」を演奏していることに深い感銘を受けた。南葵楽堂開堂3ヶ月前であった。（38ページ参照）

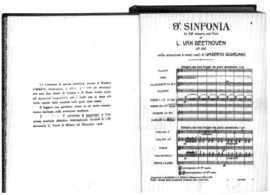

交響曲第9番　リコルディ版（ミラノ、1906年）
頼貞が最初に手にした「第九」の楽譜。1917年までに入手し、演奏時間を考察した書き込みが残る。

第1ヴァイオリンの筆写パート譜
東京本郷の高井楽器店五線紙を使用。輸入パート譜の数が足らず作成か。南葵文庫印があり、1924年春までに用意されたことが判る。表紙には鉛筆書きでMrs. Okumuraとある。

合唱のパート譜（バス）
頼貞は各パート50部購入、演奏使用に供した。

田村寛貞「ベートーヴェンの第九ジュムフォニー」（岩波書店、1924年11月）
頼貞より9歳年長の田村寛貞が、南葵の蔵書をもとに著し、演奏会の直前に出版。次ページには「徳川頼貞氏に贈る」とある。翌年出版された遠藤宏『グローヴ原著ベートーヴェンと彼の交響曲 I・V』（岩波書店）にも、南葵音楽図書館所蔵の貴重資料を参照できたことと、頼貞への謝意が明記されている。

指揮をしたグスタフ・クローン
「第九」の練習は4月から始まったという。

日本人による「第九」初演
（東京音楽学校奏楽堂、1924年11月）

初演時のプログラム
頼貞自身は当日の演奏について何も書き残していない。

🏵 リサーチ・ライブラリーとして

専門図書館の矜持である収蔵資料のリサーチと正確な目録作成、その先駆性から求められた図書館業務や活動のあり方そのものの探究、さらに図書館自体が調査研究を支援する機関の核でもあるという「リサーチ・ライブラリー」の理想。南葵音楽図書館には、欧米の音楽図書館を巡察してきた頼貞の理想が刻まれていました。

音楽資料カードボックス（黒澤商店製）
南葵文庫、南葵音楽図書館の活動は日本の図書館用品揺籃期にもあたっていた。

カミングス文庫目録（1925 年）

音楽書目録（1929 年）
ともに英文

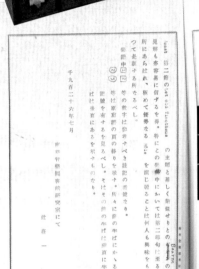

辻荘一　G.F. ヘンデル《グロリア・パトリ》のためのタイプ原稿
研究室では兼常清佐、遠藤宏らによる調査研究もすすめられた。

純正調オルガンに関する講話と演奏（1932 年 5 月 21 日）
発明者である田中正平（1862-1945）の講演と純正調オルガンEnharmonium の演奏。使用楽器は前年、『音楽世界』誌に掲載された写真にあるオルガンであろう。左から 2 人目が田中正平。

純正調オルガン
京都女子学園錦華殿蔵
（京都女子大学藤化通信 2015 年 3 月 11 日より）
南葵音楽図書館での講演から 5 年後、田中正平は 1937 年から翌年にかけて 5 台の純正調オルガン、オルガネットと呼んだ小型オルガンを製作した。これらのオルガンは、錦華殿のほか国立音楽大学楽器学資料館などに、オルガネットは民音音楽博物館に所蔵されている。

ベートーヴェン百年忌紀念会プログラムと図書陳列目録（1927 年 3 月 26-27 日）
ベートーヴェンの葬儀等で演奏された作品。陳列ではベートヴェンの自筆楽譜、書簡下書きも展示された。

当時の図書館学関連の文献群
公共図書館の音楽資料蒐集状況も調査。

🏵 ベルリン：ベートーヴェン自筆が南葵へ

1926年から27年にかけて、徳川頼貞の意をうけた田村寛貞は、ベルリンで音楽学者マックス・フリートレンダーのもとを訪問、彼の蔵書の一部を受贈しました。音楽史の古典ともいえる書籍を購入、さらにポツダム広場に近いベルンブルガー通りにあった音楽専門古書店に発注し、同店ではベートーヴェンの自筆資料も入手しています。

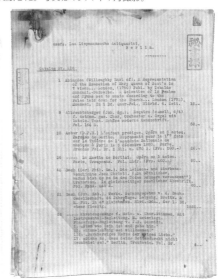

マックス・フリートレンダー　Photo:Alamy
(1852-1934)

音楽学者。声楽家としてロンドンでデビュー。やがてドイツ歌曲史の研究にすすみ、ドイツ民謡の集成にも貢献した。写真は1914年1月撮影。

ベルリン一般音楽雑誌
(1827年)

フリートレンダー旧蔵資料のひとつ（90ページ参照）。74歳を迎えていた学者は日本の音楽図書館のために、蔵書のうちから他では入手しにくい資料と自身の研究に深くかかわる文献を選んだように思われる。彼の死後に残された蔵書はレオ・リープマンスゾーンを通じて売却された。

**レオ・リープマンスゾーン
音楽資料販売目録221号**
(1927年頃)

音楽書を中心にした古書籍商を営んでいたレオ・リープマンスゾーンは、R.アイトナーによる浩瀚な資料目録を出版するなど学術貢献にも取り組んだ。1915年からはハンス・オットーが業務を継承していた。

発注控え　タイプ原稿6枚（1926年頃？）

レオ・リープマンスゾーン音楽資料販売目録216号のうちから60点の楽譜を選び出している。他に歴史的な音楽事典、理論書の購入リストが残されている。

ベートーヴェン自筆書簡（下書き）（73ページ参照）**の読みくだし**

記譜法の歴史などの研究で知られた音楽学者ヨハンネス・ヴォルフは、プロイセン国立図書館音楽部の便箋にベートーヴェンの走り書きを清書した。南葵音楽図書館の「ベートーヴェン百年忌紀念会」にはこの資料も展示された。

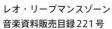

プロイセン国立図書館

バッハやモーツァルトをはじめ厖大な音楽資料を所蔵。現在はベルリン国立図書館と称している。

❀パリ：ホルマン旧蔵楽譜が南葵へ

パリに戻ったホルマンから震災後の頼貞に宛てた手紙には、頼貞のための作品の出版に心を砕いている様子が綴られています。彼が1927年1月1日（あるいはその前日）にリューベック通りの自宅で世を去ると、同月6日には故郷マーストリヒト（オランダ）で音楽葬がおこなわれ、彼は母国の土に還りました。一方、彼が遺した楽譜1000点余は、パリの自宅から南葵音楽図書館に旅立ちました。

パリ16区のリューベック通り
ホルマンの自宅は右側の建物（30番地）にあった。東洋美術を集めたギメ美術館に近接。

晩年のホルマン
ナダール写真館
（パリ、撮影日不詳）
フランス国立図書館蔵

フランシス・C・グールド
「偉大なチェリスト」（1897年）
グールドは英国のカリカチュア画家

晩年のホルマン
1923年6月3日、東京・神田で開催された告別演奏会の案内

FAREWELL CONCERT
of
JOSEPH HOLLMAN
Assisted by
Mr. WILLY BARDAS

Y. M. C. A. HALL
Mitsukoshimae, Kanda

Sunday Evening June 3rd
at 7 o'clock

Ticket............ ¥ 2.00 and 1.00.
Now on Sale at the Music Shop.

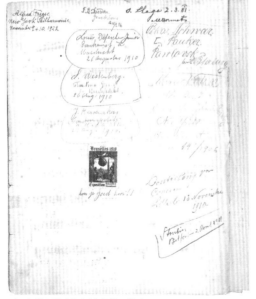

パート譜に残された演奏者のサイン
サン＝サーンスのチェロ協奏曲第1番のティンパニーのパート譜。ホルマンは協奏曲のパート譜を携行し、各地のオーケストラ楽員はしばしば使用楽譜にサインを残した。日本に届いた楽譜は、ホルマンの演奏旅行の足跡も記録していた。

サン＝サーンス 《詩人とミューズ》 作曲者の献辞つき
多くの作曲家がホルマンに作品を献呈し、また楽譜を贈呈した。彼が遺した楽譜からは作曲家たちとの幅広い交友もたどることができる。

🏵 世界から日本を見る

1926年秋から東南アジアへ、29年春からは国際会議出席、北欧、中南米歴訪など2年近い海外生活をおくり、多くの要人と交流を重ねました。そのなかには音楽関係者ばかりでなく、政治的にも重要な人々が含まれていました。開戦後の1942年にはフィリピンで交流事業をおこなっています。

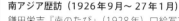

片岡秘書　島薗博士　徳川侯爵　著者　末川學士　小谷氏

南アジア歴訪（1926年9月〜27年1月）
鎌田栄吉『南のたび』（1928年）口絵写真。同行者鎌田栄吉の講演等をもとに喜多村進が編纂し徳川侯爵家から出版された。

ヤープ・クンスト博士と最初の著作『バリの音楽』（1925年）
ジャワで知りあったJ.クンスト（1891-1960）は、広い視野からアジアの音楽について調査研究した。以後、頼貞の著述には博士の言葉が頻繁に引用される。クンストは「民族音楽学」を基礎づけた学者として知られている。

ダムロン王子（1862-1943）
政界を引退後、タイの学士院最高責任者、また国立博物館、国立図書館の整備に尽くした。バンコクの王宮で、頼貞にタイの音楽と楽器について直接説明している。

シソワット国王のアンコール・ワット訪問招待者を表敬する国王の舞踊団
頼貞はこの遺跡で見た地元の舞踊を賞賛している。3世紀前にこの地に来た日本人に、またフエ（ベトナム）では、日本の雅楽との関係に思いをはせている。

2019年にエコール・ノルマル音楽院は創立100年を迎えた。

エコール・ノルマル音楽院の教員たち（1925年6月）
A.コルトー、I.フィリップ、R.アーン、P.カザルス、J.ティボー、M.デュプレ、N.ヴァラン、W.ランドフスカ、C.クロワザ、N.ブーランジェなど。ほかにV.ダンディ、P.デュカス、M.ラヴェル、A.ルーセルが自作の解釈を講じるとある。

エコール・ノルマル音楽院
1929年6月パリについて間もなく訪問。同月、附属のコンサートホール「サル・コルトー」が開館した。設立者コルトー宅では、入学審査を受ける原智恵子や、ティボー、カザルスとのトリオによる演奏を聴いている。

ヴィラ・ミラマール

アルベール・カーン
(1860-1940)

一代で莫大な財産を築いた銀行家A.カーンは、後半生を彼の平和主義につながる事業に捧げ、世界各地を72,000点以上のカラー写真や183,000m（約100時間）の映像におさめた「地球映像アーカイブ」を設立。パリ西郊に日本庭園をもつ自宅を設け国際交流の場とし、南仏の広大な敷地に点在するヴィラに世界の要人を招いた。頼貞はそのひとつヴィラ・ミラマールに滞在した。

©Musée Albert-Kahn

オースティン・チェンバレン
(1863-1937)

レイモン・ポアンカレ
(1860-1934)

英首相の兄で、不可侵を定めたロカルノ会議の功績によりノーベル平和賞を授けられたA.チェンバレン。1913年から20年まで仏大統領であったR.ポアンカレ。1929年冬、それぞれ別のヴィラに招かれていた二人と中央棟で毎晩夕食をともにし、日本に首脳外交が欠けていると指摘されると、頼貞はその由を日本政府要人に伝えた。

オラリョ・モラレス
(1874-1957)

スウェーデン王立音楽アカデミー
1771年創立。優れた音楽図書館を併設、ホールはノーベル賞授賞式会場になった。現在は隣地に移転。

モラレスはスペイン生まれながら、スウェーデンで作曲家、指揮者、教育者、そして長期間にわたりアカデミーの校長をつとめ、頼貞訪問時には講義を依頼した。南葵音楽文庫にはアカデミーやモラレスから贈られた楽譜や書籍が少なからず含まれている。

ラス・ピニャスのバンブー・オルガン
ほとんど使えなくなっていたラス・ピニャス（マニラ南郊）のオルガン修理に尽力。戦後もドイツで修理され、パイプの大半が竹製というユニークな楽器は、フィリピンの指定文化財になっている。

キャンプ・オルドネル
ルソン島（フィリピン）の捕虜収容所。フィリピン人、アメリカ人の死者の慰霊を提案、朝鮮出兵後に高野山に「敵味方戦死者供養碑」が建てられた例をひき軍部を説得、戸山学校軍楽隊の奏楽のもと慰霊祭を挙行。

慶應義塾図書館への寄託

世界恐慌後の経済状況のもとで敷地売却の必要から、南葵音楽事業部は図書館所蔵資料について、公開を続けながら寄託できる先を幅広く検討、落ち着き先は三田の慶應義塾図書館となりました。南葵音楽図書館は1932年11月末に閲覧を終え閉鎖、翌33年から12年間は寄託先で公開されていました。

慶應義塾図書館
徳川頼倫は高額寄附者のひとりであった。1969年、国の重要文化財指定。南葵音楽図書館資料は建物左に増築される新書庫に収められ、1933年4月から公開された。

慶應義塾遠景 （『慶應義塾図書館史』より）
右端に塾長鎌田栄吉の主導で1912年に完成したばかりの図書館が見える。

読書中の喜多村進
（1888-1958）

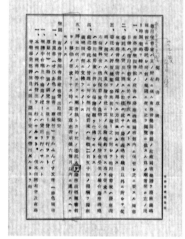

委託契約書草案
南葵音楽事業部第69回理事会（1933年1月20日）資料より。変更等の書き込みが残る。

委託契約書
移管時には1000点余の未整理資料があり、その整理や保管、閲覧業務に関する費用は徳川側の負担とされた。

喜多村進『徳川頼貞侯の横顔』目次（自筆原稿）
約20年間、南葵文庫と南葵音楽図書館にかかわり、文学者としても活動した喜多村が、音楽図書館の寄託業務がすすむなかで、回想記風に書き上げた作品。

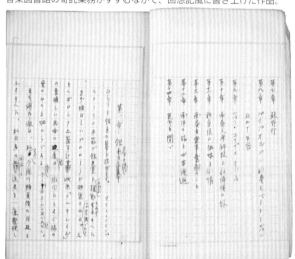

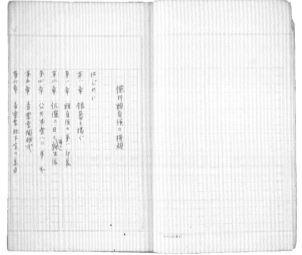

リヒャルト・シュトラウス《アルプス交響曲》
日本初演（1934年10月31日、プリングスハイム指揮）で使用。パート譜一式もあり、そこにみられる書き込みから、南葵音楽文庫所蔵の楽譜は、アメリカ初演（1916年4月28日、ストコフスキー指揮フィラデルフィア管弦楽団。シンシナティ交響楽団が初演とする説もある）、ニューヨーク初演（1916年10月26〜27日、ストランスキー指揮ニューヨーク・フィル）でも用いられていたと判明。

クラウス・プリングスハイム
（1883-1972）
G.マーラーらに学び、ベルリン等で指揮、1931年来日、東京音楽学校の演奏会を意欲的なプログラムで飾った、戦後は武蔵野音楽大学教授をつとめた。

この楽譜はずっと前に、自分がニューヨークで求めたもので、長い間書庫に眠っていたものである。それが漸く世の中に現われることになったので、自分は限りなく喜んで、音楽学校の申出を快諾した。演奏会は昭和九年十月三十一日午後七時半日比谷の公会堂で華々しく開催され、このシュトラウスの名曲は初めて日本に紹介されたのであった。

（『薔庭楽話』より）

R.ワーグナー《ローエングリン》
日本初演（1942年11月23〜29日、グルリット指揮藤原歌劇団、歌舞伎座、8回公演）で使用。日本初のワーグナー作品上演で、全ての公演で藤原義江がローエングリンを歌った。慶應義塾図書館の貸し出し記録貼付。パート譜一式も所蔵。戦争中ゆえ上演時間の制限があり、一部省略された。上演に際しての指示などが残されている。

マンフレート・グルリット
（1890-1972）
E.フンパーディンクらに学び、ベルリン等の劇場で指揮者、芸術監督。1939年に来日、ピアノ、作曲を教え、藤原歌劇団等の指揮者としても活躍した。

東京「山の手」大空襲で屋根が焼け落ちた慶應義塾図書館
（『慶應義塾図書館史』より）

空襲と寄託音楽文庫

　[昭和二十年]五月に東京と横浜に空襲があって被害が出たが、その後しばらくは地方都市に攻撃が加えられて東京は無事であった。（中略）これよりさき図書館に寄託されていた南葵徳川の音楽文庫の解約通知があった。この文庫は昭和八年三月寄託され、二万五千冊、新書庫の屋根裏全体を占めていた。音楽書は型に大小あり、厚冊もあれば一枚刷のものなどもあって取扱いには困難した。利用者は従前からの人々が多く、塾教職員、塾生の利用は少なかった。徳川頼貞よりの解約通知は二十年四月十二日にあったが、とやこうするうち爆撃に会った。幸い新書庫は無事であったので、罹災後始めて館長・理事らが書庫を見分した六月四日の翌日から、二日に亘って搬出された。搬出先は千葉県下の呉服屋の倉庫であった。

（『慶應義塾図書館史』より）

2つの『薈庭楽話』
<small>わいていがくわ</small>

市販版ジャケット
（春陽堂、1943年）

私家版（復刊）ジャケット
（中央公論新社、2021年）

　徳川頼貞は、亡くなる10年余り前に、自らの音楽体験を中心とした自伝を出版した。雅号の「薈庭」を書名としたこの本には、私家版（1941年11月）と市販版（1943年3月30日）の2種類がある。前者は限定50部が刊行された非売品であり、後者は春陽堂から1500部が公刊された。

　太平洋戦争中に出版された市販版は、私家版よりも頁数が約40頁少ない。本書には、東京や欧米で頼貞が体験した西洋音楽をめぐる事柄が数多く記されているのであるが、当時日本では、連合国側の言語の使用や音楽の演奏は禁止されていた。また皇族関係者の行動が記されている箇所には、宮内省から発表を控えるようにとのクレームが届いた。これらのために、市販版では多数の削除や書き換えがおこなわれ、頁数が減少した。従って本書の歴史的意義やその価値を知るためには、是非とも削除のない私家版を読むことが必要である。

　本書は、何よりもまず、明治以降の日本における西洋音楽の受容に関する貴重な記録である。明治以降、西洋音楽は東京音楽学校（現・東京藝術大学音楽学部）を中心として、主にドイツ系の音楽が受容された。今では想像もできないことであるが、当時フランスの音楽はあまり重要視されていなかった。そのような時期に、徳川頼貞の造った南葵楽堂では、フランス音楽を多く含むコンサートも開かれており、当時の東京の楽壇がドイツ音楽のみではなかったということを知ることもできる。

　また頼貞は欧米の旅行中に、実にたくさんの著名な作曲家や演奏家に会っている。例えばプッチーニに面会した時の記述からは、『蝶々夫人』や『トゥーランドット』などの成立の背景を知ることができて興味深い。総じて音楽をめぐる欧米の旅の記述からは、1910年代半ばより1920年代にかけてのロンドン、パリ、ローマ、ベルリン、ニューヨークなどの楽壇の様子の一端を窺うことができる。

　頼貞が海外で意外な人物に会っていることを知るのも、本書を読む楽しみの一つである。インドネシアでは、「民族音楽学」という学術用語の創始者であり、ガムランの研究家であるヤープ・クンスト（1891-1960）に会っているし、ヴァイマルではニーチェの妹エリーザベトと会い、哲学者の生前の様子を聞いている。なお頼貞没後に出版された遺稿集『頼貞随想』（河出書房、1956年）には、私家版の記述を補うような箇所もみられる。例えば、頼貞のケンブリッジ大学への留学時の詳細な旅程の記述である。従ってこの遺稿集も、頼貞を知る上で重要な書籍である。

　このように本書の私家版は、明治以降の西洋音楽の受容や、1920年代を中心とした欧米の楽壇の様子を知ることのできる、実に貴重な興味深い書物である。『頼貞随想』と併読することによって、徳川頼貞、南葵音楽文庫、南葵楽堂の理解が一層深まるであろう。　　　　　　（泉　健）

🌸南葵音楽文庫　半世紀前の公開

徳川頼貞が世を去ってから13年経た1967年、東京と大阪で主要な資料が展示公開されました。文庫資料は東京駒場の日本近代文学館を借りて精力的に整理がすすめられ、1970年5月には仮公開開始、あいついで目録が刊行されました。マイクロフィルム収録、資料の追加購入、貴重資料の保全作業もおこなわれました。1977年まで続いた仮公開中には、内外から高名な音楽家、音楽学者が、資料の調査に訪れています。

図録

南葵音楽文庫　特別公開（1967年）
東京：読売新聞社主催（上野松坂屋、3月14-22日）
大阪：大阪読売新聞社主催（天満橋松坂屋、4月18-27日）
前田育徳会等が所蔵する資料もあわせて展示された。

南葵音楽文庫資料の移送
特別公開、資料整理開始に先立ち、白河市（福島県）の保管倉庫から搬出された。

**蔵書目録（貴重資料）
（1970年11月）**
1970年5月、東京駒場の近代文学館で南葵音楽文庫仮公開開始。それにあわせて正木光江を中心に資料の整理が精力的にすすめられ、『蔵書目録（音楽書）』、『逐次刊行物目録（1970年10月現在）』が同年中に刊行された。

貴重資料のデジタル化
慶應義塾大学デジタルメディア統合研究機構による高精細撮影が2006年から始まり、2015年からは読売日本交響楽団による資料の修復がスタートした。

マイクロフィルムと「デジタル南葵楽堂」
公的な補助金をもとに、貴重資料のマイクロフィルム収録も同時期に実現した。フィルム自体の劣化が顕著になったため、財団法人読売日本交響楽団と慶應義塾大学デジタルメディア・コンテンツ統合研究機構の合意によりフィルムをデジタル化、2009年から「デジタル南葵楽堂」として公開。

❁ 徳川家に遺る記憶

シンポジウム「南葵音楽文庫〜楽しみと学び〜」
（和歌山県立図書館、2018年9月15日）抄録

徳川宜子（紀州徳川家第19代当主。建築家）

最初にご覧頂く写真は、頼貞が欧州に行っていた頃の正装した写真でございます。隣に写っていますのは為子で、平成元年まで存命でしたので、当時の非常に楽しかった思い出などを、時々私どもに語ってくれておりました。ヨーロッパの拝謁マナーなど、ものすごく緊張して大変だったとも聞いております。お辞儀の仕方から、ドレスコードで肩まで出すのか出さないのかとか、とても気を遣ったようです。頼貞はケンブリッジ留学などあちらの生活に馴染んでいましたが、祖母は後から努力していたわけです。この衣装は、あちらで仕立てたと申しておりました。

この写真は、頼貞のパスポートです。ドイツでしたかの会議に議員の代表として出席するための公用で、もうページがなくなる位、いろいろな国に行っているのがわかります。同時に為子、私の母である賓子もパスポートをつくり、同行しヨーロッパを回っております。

こちらはスウェーデンの晩餐会と伺っております。少しわかりにくいのですが、左側に頼貞が、正面に為子がおります。

最後は、祖母が自分の部屋に飾っておりましたサインがあるプッチーニの写真です。

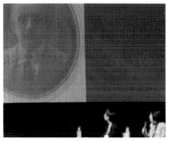

プッチーニと会ったときのことは、ものすごく印象に残っていたようで、晩年、何度も語っていました。大変思い出深い写真であったようです。祖母にしてみれば、音楽学を学んでいたわけではないですから、楽しく音楽を聴き、また音楽家の方々と交流できたと思っております。

頼貞は、写真には関心があったようですが、今のようにスナップ写真を撮るのではなく、家族写真とかをどこか写真館で撮っているものばかりです。訪問先のパンフレットなども大事に持っておりましたので、その時代の背景やヨーロッパの文化を持ち帰ってはおります。

頼貞は西洋風の生活をしており、上大崎の自宅ヴィラ・エリザのサロンにはグランドピアノがあり、近隣の大使館の夫人が入ってきて弾いていた、といったこともあったようです。また来日した音楽家の方が訪ねてみえて、演奏会をすることもございました。

私が子どもの頃、頼倫侯の夫人であった久子も存命でした。小学校にあがったときご挨拶に伺ったりしますと、紀州藩第14代で最後の藩主茂承の長女であり、頼倫を迎えて紀州徳川家をまもってきた人物だけに、子どもながら大変威厳のある方だと感じました。ですから久子、為子は歴史上の人物というよりは身近な存在でした。明治の女性ですので多くは語りませんが、自分がこうした、こう感じたということは語ってくれました。ここに残っているものから、頼倫、頼貞について、今後いろいろな発見があることを祈っています。

（写真はすべて徳川宜子氏提供）

第5章　南葵音楽文庫の至宝

南葵音楽文庫が所蔵する約2万点の資料から、特に重要で稀少な、また
紀州徳川家と南葵音楽図書館にかかわる資料を厳選し紹介いたします。

使徒書簡および福音書の朗唱法（インキュナブラ）
35.7×27.3cm

ミサ等において司祭が使徒書簡と福音書を、抑揚を
つけつつ朗唱する方法を楽譜付きで説明している。
1500年頃あるいは1505年頃印刷されたとされ、
世界に11点しか残存していないうちのひとつ。
　インキュナブラとは、グーテンベルクが初めて『聖
書』を活版印刷した1455年以降15世紀中の約半
世紀に印刷された揺籃期活字印刷物をさす。

ローマ教会ミサ典書　1651年　34.2×23.9cm

ローマ・カトリック教会が、宗教改革に対抗して開催したトリエント公会議（1545-1563）をふまえ、編纂されたミサ典書。礼拝において司祭ら聖職者が使用。

G.ザルリーノ　Zarlino, Gioseffo（1517-1590）
著作全集　ヴェネツィア　1588-89年　31.2×22.4cm

ルネサンス期イタリアを代表する音楽理論家、ザルリーノが1558年に発表した「ハルモニア教程」をはじめ、全著作がまとめられた4巻の合本。南葵音楽文庫が所蔵するのは17世紀の理論家メイボムの旧蔵。

J.アルカデルト
Arcadelt, Jacques（1504/05-1568）
マドリガーレ曲集第1巻
ヴェネツィア　1557年　15.1×21.3cm

アルカデルトは生涯に6巻のマドリガーレ曲集を刊行。第1巻（1539年刊）は人気を博し、再版が相次いだ。南葵音楽文庫はその1557年版のテノールのパート譜を所蔵。同じくアルカデルトのモテト集（1564年刊）との合本となっている。

C.タイ　Tye, Christopher（1505頃-1572?）
使徒言行録による聖歌集（筆写楽譜）
16.3×20.4cm

1553年に刊行された、タイの代表作の筆写
楽譜（おそらく18世紀）。印刷版では声部別
に記譜されていた楽譜が総譜にまとめられ、
オルガンのための伴奏譜が加えられている。
なお左ページ（表紙見返し）には、旧蔵者カ
ミングスの蔵書票が貼り付けられている。

総譜によるアンセム集
（筆写楽譜）　39.7×26.0cm

イギリス・ルネサンス期の作曲
家ウィリアム・バードによる《ど
うか主が、激しく怒られること
なく》をはじめ、27曲のアン
セムを含む。表紙裏には、バロッ
ク期の作曲家ジョン・ブロウに
よるアンセム《全能の王にアレ
ルヤ》の署名入り自筆楽譜が貼
付されている。

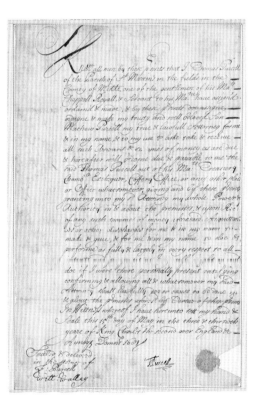

T.パーセル　Purcell, Thomas（?-1682）
書簡（直筆署名つき）　29.7×19.6cm

H.パーセルの父親の名を確認できる唯一の現存資料。
差出人のトーマス・パーセルは、ヘンリー・パーセル
を「私の息子 my sonne Henry」と記している（本
文1〜2行目）。受取人のゴスリングは、当時カンタ
ベリー大聖堂の聖歌隊員だった人物。

大聖堂で用いられた古くて謎の多いパート譜　18.6×23.6cm

おそらくイングランド国王チャールズ1世（在位1625-1649）時
代の王室礼拝堂所蔵のアンセム集から散逸したバス声部のパート譜。
34曲含まれるアンセムのうち、ヘンリー・パーセルによる《全地の
王国よ、主に向かって歌え》と《私たちは主のもの》は自筆楽譜。

T.パーセル
Purcell, Thomas （?-1682）
権利移譲証書　1681年5月15日
26.2×20.2cm
ヘンリー・パーセルの父トーマス・パーセルによる権利移譲証書。書面によれば、財産権を与えられたのはヘンリーの弟マシュー。それはヘンリーのほうが才能にあふれていたが、彼がトーマスの実子ではなかったためと推測されている。

H.パーセル　Purcell, Henry （1659?-1695）
オペラ《ディドとエネアス》（筆写楽譜）　31.6×25.6cm
南葵音楽文庫の収蔵資料中、特に貴重なもののひとつ。オペラ《ディドとエネアス》（1684年頃初演）の総譜であるが、他の資料に見られない異稿が含まれる。新たな「パーセル全集」刊行のため、2018年にこの資料の画像を英国のパーセル協会に提供。

H.パーセル　Purcell, Henry （1659?-1695）
セミ・オペラ《インドの女王》（筆写楽譜）　24.6×31.1cm
セミ・オペラは歌や器楽に台詞を交えて上演される音楽劇。台本は詩人ジョン・ドライデンとロバート・ハワード卿の合作による。作品は、パーセルが作曲途中で亡くなったために未完のまま残された。

H.パーセル
Purcell, Henry （1659?-1695）
イギリスのオルフェウス：選びぬかれた独唱、重唱、三重唱曲集　ロンドン、初版1702年、再版1706年、増補第3版1721年　35.5×22.2cm
※写真は第3版
パーセルの死後、夫人のフランシスがその遺作を集めて出版した歌曲集。タイトルの「オルフェウス」はギリシャ神話に登場する音楽の名手でパーセルをさす。

J.S.バッハ　Bach, Johann Sebastian（1685-1750）
**クリスマスの讃美歌「高きみ空より我は来たりぬ」によるカノン
風変奏曲：2段鍵盤とペダルをもったオルガンのための
ニュルンベルク、1747年　（初版楽譜）　28.5×19.0cm**
おそらく1747年に、かつての教え子ローレンツ・クリストフ・
ミツラーが設立した「音楽学術協会」の入会資格審査のために作
曲された作品。《フーガの技法》などとともに、晩年のバッハが
対位法を駆使した傑作とされる。世界でも稀少な初版楽譜のひと
つ。

J.A.ハッセ　Hasse, Johann Adolph（1699-1783）
**オラトリオ《我らが主[イエス・キリスト]の墓への巡礼
たち》（筆写楽譜）　25.1×31.5cm**
ナポリで学び、ドレスデン等で活躍したハッセによるこの
作品は、1742年の聖金曜日（3月23日）にドレスデン
の宮廷礼拝堂で初演後、各地で繰り返し演奏された。この
筆写楽譜は、イギリスの音楽家・画家のウィリアム・クロッ
チが写譜。作品の広い伝播を示している。

F. ビアンキーニ
Bianchini, Francesco（1662-1729）
『楽器論』（写本）　33.7×23.1cm
ローマでオットボーニ枢機卿の司書など
を務めた F. ビアンキーニの遺稿のひと
つと同一内容で、古代ギリシャ、ローマ
の楽器について論じている。天文学関係
の著作が多かったビアンキーニの学識の
幅の広さを示している。

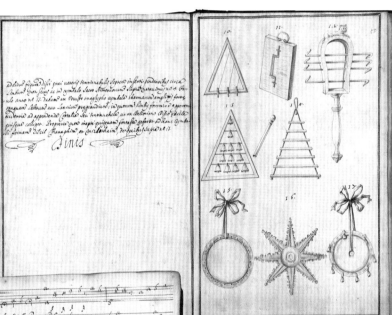

**リュート曲集（筆写タブラチュア譜）
36.2×25.7cm**
17世紀中頃にイギリスで筆写されたとされる
リュートのためのタブラチュア（演奏法を記譜
した楽譜）。同時期に活躍した老ゴーティエの
作品を含んでいる。リュート歌曲では、歌唱の
パートは通常の五線譜をそえた例がみられる。

G.F.ヘンデル　Handel, George Frideric（1685-1759）
オラトリオ《アタリア》（筆写楽譜）
44.0×28.8cm
ヘンデルが1733年に作曲、同年7月10日に初演した英語オラトリオの総譜。ヘンデルの弟子で筆写者であったJ.C.スミスによる。このオラトリオの世界に残る主要手稿資料数点のひとつである。

G.F.ヘンデル
Handel, George Frideric（1685-1759）
オペラ《ムツィオ・シェーヴォラ》第3幕（筆写楽譜）
30.2×24.2cm
このオペラは、英国の王立音楽アカデミーにおいて対立していたヘンデルとジョヴァンニ・ボノンチーニの技量を判定するため、1721年に理事たちが第1幕をアマーディ、第2幕をボノンチーニ、第3幕をヘンデルに作曲するように命じた作品。ヘンデルによる第3幕を、弟子J.C.スミスが筆写している。

G.F.ヘンデル（伝）
Attr.to Handel, George Frideric（1685-1759）
通奏低音の演奏を習得するためのいくつかの勘どころ：8つの勘どころそれぞれに対応した譜例つき（自筆稿？）　22.5×18.5cm
裏面に「ハーモニーの規則についての指導として…コールウィッチ・アビーのグランヴィル伯爵殿に進呈されたジョージ・フレデリク・ヘンデルの手稿」という書き込みがあることから、長くヘンデルによって書かれた通奏低音演奏の手引きとされてきている。

G.F.ヘンデル
Handel, George Frideric（1685-1759）
オラトリオ《メサイア》（モーツァルト編）
ライプツィヒ、1803年　28.0×37.0cm
ウィーンの宮廷図書館館長ゴットフリート・ヴァン・スヴィーテン男爵の依頼によって生まれた編曲版。バッハやヘンデルの作品に関心があったスヴィーテン男爵は、1780年代に私的音楽サークルで彼らの作品を時代に合わせて編曲し、演奏した。初演は1789年。

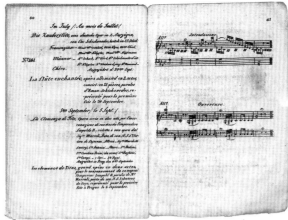

J.A. アンドレ（編） André, Johann Anton（1775-1842）
『W.A. モーツァルト全作品主題目録』
オッフェンバッハ、1805年（初版）23.2×15.9cm
楽譜出版を営んでいたアンドレは、モーツァルトの死後、未亡人コンスタンツェから多数の自筆楽譜等を含む遺品を購入した。彼は楽譜出版とともに、作曲年代順の作品目録を作成し出版した。ケッヘル目録とその番号の出版より半世紀も前であった。

W.A. モーツァルト
Mozart, Wolfgang Amadeus（1756-1791）
交響曲第34番ハ長調（筆写楽譜） 35.2×23.1cm
モーツァルトがウィーンに移る前、ザルツブルク時代最後の交響曲が、親しい間柄でもあったホフマイスターの交響曲イ長調とともに合本にされた楽譜。モーツアルトの死後間もない1800年頃に同じ筆写者が作成したとされる。

W.A. モーツァルト　Mozart, Wolfgang Amadeus（1756-1791）
モーツァルト作品集　ライプツィヒ、1798〜1806年　24.5×34.0cm
ブライトコプフ＆ヘルテル社がモーツァルトの未亡人コンスタンツェと交渉、作曲家の死から7年後の1798年に「全集」と銘打って刊行が始まった楽譜集。1806年にかけ第17巻まで出版された。第1巻の扉ページには、墓の横で涙を流す女性の口絵が添えられている。

G.B. マルティーニ　Martini, Giovanni Battista（1706-1784）
『音楽史』第1巻特装版　ボローニャ　1757年　46.2×34.0cm
マルティーニはモーツァルトを指導し、教育者、著述家として生前
から「当代の音楽の神」と讃えられるほど尊敬を集めた。『音楽史』
は彼の代表的著作。通常版とともに、スペイン王妃マリア・バルバ
ラ（1758年没）への献上用の大型の特装版を所蔵。口絵には同妃
が描かれている。

J. フック　Hook, James（1746-1827）
クラリネット協奏曲　変ホ長調（自筆楽譜、未完）
　1812年　16.8×21.2cm
ロンドンの劇場やプレジャー・ガーデンのために多
数の作品を提供したフックによる、クラリネット協
奏曲としては最初期の作品例。1812年8月4日と
いう日付つき。南葵音楽文庫は、彼の自筆楽譜を多
数所蔵している。

J.P. ザロモン
Salomon, Johann Peter（1745-1815）
オペラ《ウィンザー城》（自筆楽譜）
31.9×25.5cm
ボン生まれのヴァイオリン奏者、作曲家で、ハイドン
をロンドンに招聘するなど興行師としても活動したザ
ロモンによる華やかな作品。最初のページに、「ウェー
ルズ公. 公妃殿下の御成婚を祝い1795年コヴェント・
ガーデンで上演された」という記載がある。

L. v. ベートーヴェン
Beethoven, Ludwig van (1770-1827)
ロシア民謡《可愛い娘さんが森にゆき》の
編曲（自筆楽譜）　23.3×31.6cm
スコットランドの音楽家ジョージ・トムソ
ン（1757-1851）の依頼による179曲も
の民謡編曲のひとつ。最上段が民謡旋律で、
編成はヴァイオリン、チェロ、ピアノ。画
像は読売日本交響楽団からボンのベートー
ヴェン研究所に送られ、新全集の楽譜刊行
に寄与している。

L. v. ベートーヴェン
Beethoven, Ludwig van（1770-1827）
書簡（下書き）　C.F.ペーターズ宛（自筆）　1825年
21.1×25.6cm
1825年11月25日にライプツィヒの音楽出版社 C.F. ペー
ターズ宛に、甥のカールが清書しベートーヴェンが署名し
て出した書簡の下書き。署名はない。前受け金に見合う作
品として1曲の弦楽四重奏曲（作品130とされる）を提
案しようと思案している。清書には見い出せない作曲家の
内心が、この下書きににじみ出ている。

書簡全訳

　弦楽四重奏曲1曲が貴殿のために用意できております。この作品を360フロリンC.M.[1]あるいは80ドゥカーテンで引き取るという書簡をいただければ、即座にお送りいたします。現在、私の作品には今までにない高額の報酬が支払われるようになっております。ちなみに、この一連の出来事の責任は貴殿ご自身にあります。貴殿の書簡を読めば、貴殿が以前何を求めていたか、そして私がお送りした物が求められていた通り[2]のものだったことが分かります＃。ちなみに、私が貴殿に対して取り繕いをしているのではないことを、この弦楽四重奏曲が教えてくれることでしょう。それどころか、これは私の最も親しい友人に渡すほどの作品なのです――

　どうかお急ぎくださるようお願いいたします。そうしないと、私には360フロリンC.M.を返金するほかありません。

＃　いくつもの手直しが語っている――真実です――

　そうでなくとも、私が新たに完成させた作品を色々な方がほしがっているので困惑しているのです。ですが、この曲単独ではないほうが良いとも言われています。どこにでもやはり礼儀はあるもの。本当にこれは、長い間待っていただいた貴殿に対する配慮によるものなのです。ですが、私がこの瞬間、すでに完成している連作から、この弦楽四重奏曲だけを切り離すのかは、貴殿の決断によるのです。（ここで最後の曲を提供したほうが良いだろうか？）（もちろん素晴らしい、とても素晴らしい）

　えげつない商売人め。[3]

　ちなみに、私が借り入れのカタを付けるような代物を送るのではないかという不信は無用です。私の芸術の名誉にかけて、もし私にふさわしい芸術作品を手にできなければ、私のことを恥知らずとけなしていただいてかまいません――

(1) C.M. は協定通貨 Conventionsmünze の意。当時のオーストリアでは同じフロリンという単位で、協定通貨（C.M.）とウィーン通貨 Wiener Währung（W.W.）という2種類の通貨が流通していた。
(2) 傍点は原文では下線で強調されている箇所。以下同様。
(3) この部分のみフランス語。

L. v. ベートーヴェン　Beethoven, Ludwig van（1770-1827）
交響曲　シラーの頌歌「歓喜に寄す」による終楽章合唱つき
[第9番] Op.125　マインツ、1826年　34.2×23.9cm
献呈受諾回答未着ではあったが「F. ウィルヘルム3世に献呈」と
刷られ、初版にあるメトロノーム表示がまだ記されていない。作
曲者の速度表示の手紙が届かないうちに刷られた初版試し刷りの
稀少な残存例である。

ベルリン一般音楽雑誌
Berliner Allgemeine Musikalische Zeitung
25.9×20.9.cm
週刊の音楽雑誌で、1827年第15号（4月11日
発行）は、3月26日に亡くなったベートーヴェ
ンを追悼する特集を掲載している。マックス・フ
リートレンダー旧蔵。56ページ参照。

J.B. クラーマー
Cramer, Johann Baptist（1771-1858）
ピアノのための新しい実践練習（自筆楽譜）
24.0×32.1.cm
クラーマーは、ロンドンを中心に各地で活躍した
ドイツ出身のピアニスト。ここには、運指法など、
ピアノ演奏に不可欠な技術を習得するために工夫
された、さまざまな音型による練習曲100曲が、
次第に難易度が増すように収められている。

F.P. シューベルト
Schubert, Franz Peter（1797-1828）
バラード《魔王》 ウィーン、1821年
（初版楽譜、再刊1830年頃） 25.0×33.9cm
1815年10月、18歳のシューベルトが一気に作
曲。歌手は、子どもとその父親、魔王を歌い分け
る。友人たちにより、1821年の公開初演直後に
刊行。シューベルトにとっては初出版。再刊にあ
たり、表紙は詩の内容を描いた口絵つきに変更さ
れた。

G. ロッシーニ Rossini, Gioachino（1792-1868）
オペラ《エジプトのモーゼ》の二重唱へのカデンツァ例
24.6×24.3cm
1818年にナポリで初演されたオペラの二重唱を装飾的
に歌うカデンツァの唱法。例を複数示しその可能性を
具体的に残しており、19世紀にさかのぼる資料ゆえに、
ロッシーニ作品の歌唱実践を探究するうえで興味深い。

L. シュポーア
Spohr, Louis（1784-1859）
2つのヴァイオリンのためのコ
ンツェルタンテ 第2番ロ短調
（筆写楽譜） 30.2×24.2cm
当初はヴァイオリニストとし
て、ついで多作な作曲家として
活動したシュポーアには、ヴァ
イオリンを用いた協奏的な作
品が多い。協奏曲のほか、こ
の編成のコンツェルタンテを2
曲残した。この第2番の作曲は
1833年。

C.M.v. ウェーバー Weber, Carl Maria von（1786-1826）
オペラ《魔弾の射手》（筆写楽譜） 24.9×31.2cm
ロンドンの4つの劇場は、1824年に初演（ベルリン、
1821年）後、ただちに有名になったこのオペラを、それぞ
れ別のプロダクションで上演した。この総譜は、王立ドゥルー
リー・レーン劇場の原語上演用で、528ページにも及ぶ大
部ながら写譜は精緻で丁寧である。

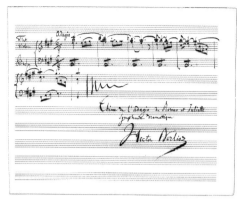

H.ベルリオーズ　Berlioz, Hector（1803-1869）
劇的交響曲《ロミオとジュリエット》より＜愛の情景＞
19.9×25.0cm

1839年に作曲した劇的交響曲《ロミオとジュリエット》
の第3部から、＜愛の情景＞（Adagio）部分の主題を自
ら抜き書きし、署名を添えた。創作のためのスケッチでは
なく、作品の完成後に友人への贈り物として作成されたの
であろう。

M.コスタ　Costa, Michael（1808-1884）
オペラ《マレク・アデル》（筆写楽譜）　33.8×27.0cm

イタリア生まれながら長くロンドンの主要劇場で指揮者、
作曲家として活躍したコスタは、生涯に6曲のオペラを作
曲した。そのなかでもっとも知られた作品で、1837年にパ
リのイタリア座で初演され、同年ロンドンでも上演された。

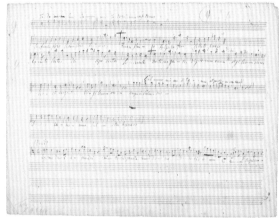

F.リスト　Liszt, Franz（1811-1886）
《テ・デウム》ほか(スケッチ)　22.9×31.5cm

リストの楽想スケッチの紙片。バリトンあるいはバ
ス独唱の部分が記されている。裏面には、ピアノ曲
のスケッチが、修正とともに書かれているが、完成
作品との関係は明らかでない。

F.J.ハーベルマン
Habermann, Franz Johann（1706-1783）
殉教者聖ヴァーツラフのミサ曲　（筆写楽譜）
30.2×24.2cm

「ボヘミアのヘンデル」と称される作曲家が、1740年代
はじめにプラハに戻った後に書いた、ボヘミアの守護聖人
ヴァーツラフ（10世紀）のためのミサ曲。ヘンデルは自作
オラトリオ《イェフテ》にこの曲の楽句を多数用いている。

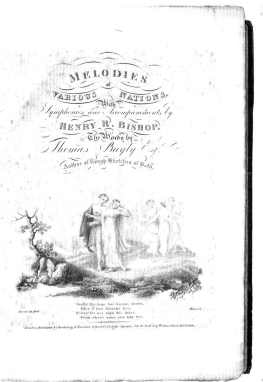

H.ビショップ
Bishop, Henry
(1786-1855)
『諸国の歌』 ロンドン、
1823年 40.0×31.5cm

ロンドンの劇場で活躍していたビショップが作曲した歌集。このなかに「シチリアの歌」として発表した歌を、自作オペラに"Home Sweet Home"という題名で挿入した。日本では1889（明治22）年発行の『中等唱歌集』に採用されて以来《埴生の宿》という題名で親しまれている。

J.ホルマン
Hollman, Joseph（1852-1926/27）
《R. ワーグナーの歌劇ローエングリンよりエルザへの宥め》（自筆楽譜） 34.2×27.1cm

ホルマン文庫に含まれるホルマン自作40点余には、未出版の自筆楽譜も含む。徳川頼貞夫妻が好んだという《ローエングリン》による本作品は、戦前の南葵音楽図書館が出版を計画してもいた。

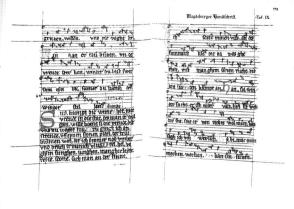

F.H.フォン・デア・ハーゲン
Hagen, Friedrich Heinrich von der（1780-1856）
『ミンネジンガー』初版（全4巻）
ライプツィヒ 1838年 23.2×18.1cm

ドイツ中世文学研究史の金字塔。R.ワーグナーの重要な創作に根源的な影響を与えた書物で、彼のドレスデン時代の書斎にもあり、本書と《タンホイザー》の関連は重要とされる。マックス・フリートレンダー旧蔵。

C.サン＝サーンス
Saint-Saëns, Charles (1835-1921)
チェロ協奏曲第1番 Op.33
パリ、[1874]年 27.5×17.9cm

オランダの名チェリスト、J.ホルマン旧蔵。最初のページには、「私の親愛なる友人で素晴らしい演奏家であるホルマンへ カミーユ・サン＝サーンス」と、自筆の献辞が記されている。ホルマンは、南葵楽堂でこの曲を演奏した。

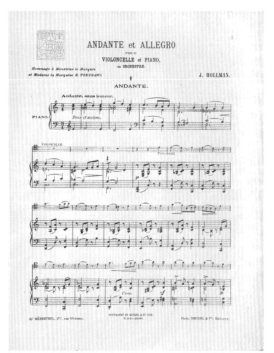

Ch.ルルー　Leroux, Charles（1851-1926）
《扶桑歌　日本行進曲》（ピアノ版）　パリ　1886年
35.2×27.0cm
陸軍軍楽隊を指導したシャルル・ルルーが1884（明治17）
年に作曲した行進曲。「扶桑」は日本国の意で、明治天皇に献
上された。徳川頼倫は1897年、リヨン（フランス）駐在のル
ルーを訪れた際に、この楽譜を贈呈された。右上に献辞と署名
がある。

J.ホルマン　Hollman, Joseph（1852-1927）
《アンダンテとアレグロ》　パリ、1912年
35.8×27.3cm
徳川頼貞をサン＝サーンスに引きあわせたホルマンの作品。
サン＝サーンスの交響曲第3番《オルガン付き》の旋律が引
用されている。楽譜初版の時点ではホルマンと頼貞はまだ
会っておらず、楽譜に印刷された徳川夫妻への献辞は後から
加えられたものであろう。

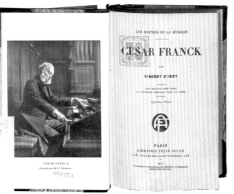

V.ダンディ
D' Indy, Vincent（1851-1931）
『セザール・フランク』
パリ、1910年
19.6×13.1cm
ベルギー出身の作曲家の評伝。著
者は高弟ダンディ。徳川頼貞は
1921年の外遊の際にパリでダン
ディと会い、彼の演奏でフランク
のオルガン曲を聴いた。このとき
頼貞に贈られた本書には頼貞への
献辞が記されている。

E.ネイラー　Naylor, Edward（1867-1934）
序曲《徳川頼貞》パート譜　手稿　32.1×23.5cm
正確な題名は「序曲　東京の徳川頼貞へ」。頼貞の英国
留学時代の師が南葵楽堂の開堂を記念して作曲した作
品。1918年の南葵楽堂の最初の音楽会で披露される予
定だったが間に合わず、1920年に初演された。パート
譜のみが現存し、総譜は失われた。

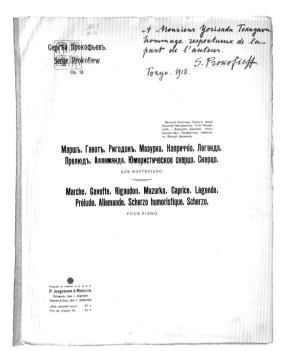

S. プロコフィエフ　Prokofiev, Sergei（1891-1953）
スケルツォ Op.12-10　モスクワ、1914年　35.2×27.0cm
作曲者が1918年に来日した際に徳川頼貞に贈った楽譜で、タイトルページに直筆の献辞がある。曲はピアノ曲《10の小品》作品12の1曲で、作曲者の日本でのリサイタルやニューヨーク・デビュー・リサイタルなどで演奏された。

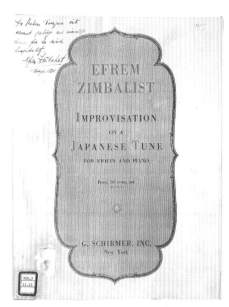

E. ジンバリスト　Zimbalist, Efrem（1888-1985）
《日本の調べによる即興曲》
ニューヨーク、1924年　30.2x23.0cm
大正から昭和初期に6回来日した名ヴァイオリニストによる小品。主題は昭和天皇の義兄の久邇宮朝融王が与えた旋律であるという。タイトルページには徳川頼貞夫人へ、親切なもてなしへの謝辞が書かれている。

H. アルヴェーン　Alfvén, Hugo（1872-1960）
スウェーデン第1番《夏至の徹夜祭》
コペンハーゲン、1906年　35.9×27.4cm
スウェーデンを代表する音楽家のひとりによる管弦楽曲スコア。徳川頼貞は1929年にストックホルムを訪問、視察先の王立音楽アカデミーから同国の新しい作品の楽譜を多数贈られた。そのひとつで、頼貞宛の献辞が記されている。

R. シュトラウス　Strauss, Richard（1864-1949）
《アルプス交響曲》初版　ライプツィヒ、1915年
37.0×29.9cm
1934（昭和9）年の日本初演で使われ、さらにパート譜の書き込みから、徳川頼貞が入手する前の1916年にはフィラデルフィアでのアメリカ初演にも使われたと判明。所蔵する総譜とパート譜のセットは、演奏権付きであった。61ページ参照。

F. ワインガルトナー　Weingartner, Felix (1863-1942)
《日本の歌》特装版　ライプツィヒ／ニューヨーク、
1908年　35.0×27.1cm
戦前の名指揮者ワインガルトナーによる全9曲の歌曲集。
歌詩は和歌の自由なドイツ語訳で、百人一首などで親しま
れる有名な和歌も含まれている。特装版は和本を模した装
丁で作曲者のサイン入り。

A. オネゲル　Honegger, Arthur (1892-1955)
《パシフィック231》（ピアノ版）　35.7×27.3cm
鉄道ファンの作曲家が、機関車が驀進する様子を描いた作品。
題名中の数字は、この機関車の先軸、動輪、後軸の軸数を示す。
管弦楽用の原曲をピアニストで作曲家のボルシャールが独奏用
に編曲した。

G.F. ヘンデル　Handel, Geroge Frideric (1685-1759)
《グロリア・パトリ》（辻荘一校訂）東京、1928年
39.8x26.5cm
南葵音楽文庫がかつて所蔵した筆写楽譜（自筆楽譜は1860年に
焼失）による校訂楽譜。我が国最初の厳密な資料批判に基づく校
訂報告（邦文、英語）を伴う楽譜出版であり、研究機関としての
「南葵音楽図書館」の水準の高さを物語る。92ページ参照。

松山芳野里（1891-1974）
《5つの日本的な歌》　35.7×27.3cm
上記のオネゲル同様、フランスの音楽出版社スナール社が
刊行した室内楽シリーズのなかの1点で、日本の旋律を用
いた作品。作曲者はテノール歌手で地の絵も描いた。

第6章　南葵音楽文庫閲覧室と書庫めぐり

約2万点の書籍と楽譜からなる文庫資料の大半は、写真や演奏会プログラムなどの関連資料とともに、書庫に収められています。南葵音楽文庫閲覧室では、一部の資料を手に取って利用できます。本章では閲覧室と書庫をめぐる誌上ツアーにご案内しましょう。

閲覧室の展示ケース

専用書庫に並ぶ貴重資料

閲覧室利用の様子

基本中の基本：楽譜・音楽事典・教本

主要な作曲家の全集楽譜、国別やジャンルごとのシリーズ楽譜、演奏や作曲の教本、音楽理論書の古典、古今の音楽事典、音楽資料の所蔵目録などが備えられています。

モーツァルトの父レオポルトによる『ヴァイオリン教本』第3版（アウクスブルク、1787年）

全集楽譜

オリジナルの重厚な装幀をまとった有名作曲家の全集楽譜（バッハ全集より《マニフィカト》）

南葵音楽文庫所蔵の全集楽譜・シリーズ楽譜
◎作曲家の全集など

　コレッリ作品集 (Augener)、ショパン全集 (Polish Music Publications)、シュッツ新全集 (Bärenreiter)、ヴォルフ全集 (Musikwissenschaftlicher Verlag)、ブルックナー全集（同）、バッハ全集 (Breitkopf und Härtel)、ベートーヴェン全集（同）、シューマン作品集（同）、シェーンベルク全集 (Schott/ Universal)、シューベルト新全集 (Bärenreiter)、スカルラッティチェンバロ作品全集 (Ricoldi)、スウェーリンク鍵盤音楽集 (Nijhoff/Breitkopf und Härtel)、テレマン音楽作品集 (Bärenreiter)、ハイドン全集 (Henle)、モンテヴェルディ全集 (Universal)、ハレ版ヘンデル全集 (Deutscher Verlag für Musik)、ライプツィヒ版メンデルスゾーン作品集（同）、ブラームス全集 (Breitkopf und Härtel)、モーツァルト全集　（同）、新モーツァルト全集 (Bärenreiter)

　以上のほかに、シャイト全集、シャイン全集、メンデルスゾーン作品集（クララ・シューマン版）、ムソルグスキー全集、ジョスカン・デプレ全集、パレストリーナ全集、ヴィヴァルディ作品集、フックス全集、プレトリウス音楽作品全集、ラモー全集、リュリ作品集、J. ワルター全集などを所蔵。復刻版も含む。欠巻もあり。また、新ベートーヴェン全集、新ワーグナー全集など現在も刊行中の全集の一部分も受け入れている。

◎シリーズの楽譜

　初期鍵盤音楽集成 Corpus of Early Keyboard Music、オーストリア音楽遺産 Denkmäler der Tonkunst in Österreich、ホルトゥス・ムジクス Hortus Musicus、合唱作品 Das Chorwerk（主に16～18世紀の合唱曲）、室内楽 Musique de Chambre (1920年代にパリのスナール社が刊行．約400点) など。

教本

バッハに傾倒したキルンベルガーによる『純正作曲の技法』（ベルリン・ケーニヒスブルク、1774年）

パリ音楽院教授バイヨが弟子たちに捧げた『ヴァイオリン教本』（パリ、1834年）

トマス・ロビンソン『新シターン・レッスン集』（ロンドン、1609年）

※他にもピアノ、フルート、バスーンなど、また声楽教本の古典も所蔵。

音楽事典

20世紀初頭から版を重ねた『グローヴ音楽事典』　過去の諸版を所蔵。日本語版は南葵音楽文庫閲覧室に設置。

特徴ある音楽事典類
グスタフ・シリング『一般音楽百科全書』（シュトゥットガルト、1835-1842年）
この時代の群小音楽家たちに関する情報の宝庫。

資料目録

南葵音楽文庫の図録（1967年）や音楽書の蔵書目録（1970年）

ヨーロッパの図書館等が刊行した所蔵音楽資料目録

時代を映す音楽雑誌

19世紀前半ドイツ語圏主要音楽雑誌（マックス・フリートレンダー旧蔵）、1920～70年代を中心とした欧米と日本の音楽雑誌、音楽学研究の専門誌を所蔵。

『音楽と蓄音機』（1922年創刊）
蓄音機の紹介や広告を多数掲載。

19世紀末のワグネリスムを映すワーグナー協会ロンドン支部発行の『ザ・マイスター』1888年第1号

シューマンが主筆をつとめた『音楽新報』1841年第1号　ほかにショット出版社の『ツェツィーリエ』、『ベルリン一般音楽雑誌』等を所蔵。

Tamaki Miura

アメリカで発行されていた大判で写真中心の音楽週刊誌
表紙は三浦環（1927年）

20世紀前半の音楽学、音楽研究専門誌（すべてヨーロッパ）を多種類所蔵。また戦後の日本の音楽研究誌を収蔵。

『音楽新潮』（1924年創刊）
『音楽世界』（1929年創刊）など、
昭和初期の音楽事情を伝える雑誌は閲覧室に設置。

ブライトコップ＆ヘルテル音楽出版社の充実した社報誌（1915年）には戦争の影が色濃く反映。

フランスの専門誌
『ルヴュ・ミュジカル』
フォーレ生誕100年
記念の限定版特別号
（パリ、1945年）

1970年代のレコード雑誌
イギリスの『グラモフォン』
フランスの『ディアパゾン』

個人コレクションの輝き

南葵音楽文庫には、第3～4章で紹介したカミングス、小ルマンに由来するコレクションに加え、まとまった点数の資料からなる特徴的な文献群、シリーズ楽譜があります。

カミングス文庫

1917年に徳川頼貞がW.H.カミングスの遺族から購入。1920年から公開。貴重な手稿資料、音楽書、楽譜など454点を記載した目録が1925年に刊行されました。39、40ページ参照。

W.H. カミングス
(1831-1915)

カミングス文庫目録
(1925年)

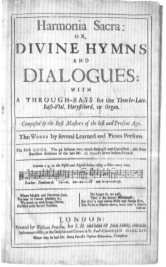

《ハルモニア・サクラ》タイトル・ページ

ホルマン文庫

チェロの名手J.ホルマンが遺した1000点余の楽譜が親交のあった徳川頼貞のもとにもたらされました。ひとりの名演奏家のレパートリーや活動の足跡をまとまった形で伝える稀有な例です。57ページ参照。

J. ホルマン
(1852-1927)

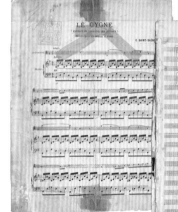

サン＝サーンス《白鳥》
ホルマンの愛奏曲

ブルッフ《コル・ニドライ》
ホルマン筆写スコア

フリートレンダー文庫

1927年にドイツの音楽学者M.フリートレンダーから受贈。ドイツ歌曲の研究家が所蔵していた基本的な文献類、また19世紀のドイツ語圏主要都市で刊行された音楽雑誌（前ページに掲載）が含まれています。56ページ参照。

M. フリートレンダー
(1852-1934)

スナール室内楽シリーズ

1920年代パリで多数の楽譜を出版したスナール社刊行のシリーズで、新進作曲家、パリを訪れた音楽家、フランスの古い音楽など多彩で意欲的。400点を超える楽譜は、芸術沸騰のパリを映しています。

J. ダルクローズ《心は歌う》

17-18世紀のクラヴサン曲集

アルメニア民衆音楽集

R. ラパラ《舞い踊る花々》

V. ポール《7つのロシアの旋律》

B. フェアチャイルド《5つの黒人の歌》

N. チェレプニン　メーテルリンクの《庭のジョアゼル》

ジル＝マルシェックス編曲のラヴェル《ティータイムのフォックストロット》

音楽探究の古典

16世紀から20世紀まで、音楽の深淵を、音響学にも及ぶ音の原理を、また音楽の歴史を探究した著作の数々を、初版などそのオリジナルの姿で所蔵。

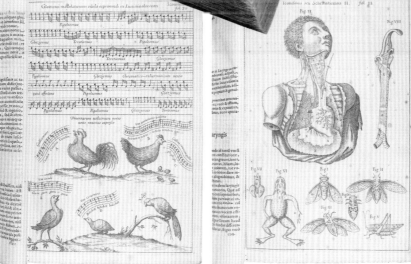

A. キルヒャー『普遍音楽』（ローマ、1650年）より「純粋な協和音を奏でるための各種鍵盤」

ひとりで全項目執筆したJ.-J.ルソー『音楽事典』（パリ、1973年）

『普遍音楽』より「鳥の鳴き声」

同「さまざまな動物の発音器官」

田邉尚雄『音響と音楽』（東京、1908年）

チャールズ・バーニー『音楽史』（ロンドン、1779年）

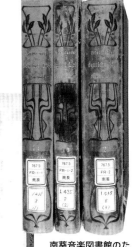

南葵音楽図書館のために所蔵していた資料を譲ったフリートレンダーの土著『18世紀のドイツ歌曲』（シュトゥットガルト、1902年）

古代ギリシャの音組織とその適用を探究したヴィチェンティーノ『現代の実践に合わせた古代音楽』（ローマ、1555年）

クスマケール『中世音楽文書集成』（1864-1876年）

オペラを日本に

オペラの世界への憧れを胸に留学した徳川頼貞は、各地で体験を重ね、そのたびに楽譜を購入、帰国後も資料を広範囲にわたり蒐集し公開、日本のオペラ上演の下支えにもつながりました。

リムスキー＝コルサコフ《5月の夜》（左）と《金鶏》（右）
ヴォーカル・スコア表紙

フォール《ダラー・プリンセス》

10代からオペレッタを弟と楽しんだ頼貞は、このジャンルの楽譜を鑑賞にあわせ購入した。

サリヴァン《H.M.S. パイナフォア》

《魔弾の射手》スコア第2版
他にロンドン初演用に作成された筆写楽譜も所蔵。

主要なオペラのヴォーカル・スコアは南葵音楽文庫閲覧室に設置。

ポルポラ《ミトリダーテ》（1730年、ナポリ）
アリア集筆写楽譜
カミングス文庫には、バロック・オペラの手稿も。

ワーグナー《ニュルンベルクのマイスタージンガー》自筆スコアのファクシミリ版（限定出版）

『ワーグナーのカリカチュア集』

日本にオペラを紹介する
先駆けとなった書物
柴田環はのちの三浦環。『歌劇大観』は著者からの贈呈本。

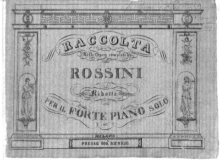

『ピアノ独奏のためのロッシーニ・オペラ』

挿絵入りの解説、台本、研究書、編曲など、20世紀前半のオペラ理解、受容を反映した資料類を所蔵。

ラファージュ編〈アラブ音楽〉
ピアノ独奏のためのシリーズ楽譜
(チュニス、1905-1911 年)

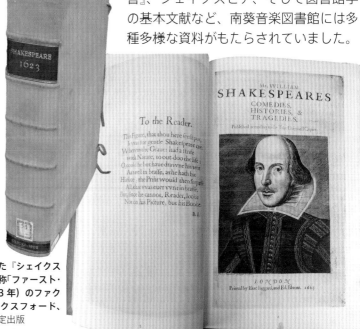

蒐集のひろがり

古い刊本、アラブやアジア、各国語の『聖書』、シェイクスピア、そして図書館学の基本文献など、南葵音楽図書館には多種多様な資料がもたらされていました。

最初のまとまった『シェイクスピア著作集』(通称「ファースト・フォリオ」1623 年) のファクシミリ版 (オックスフォード、1902 年) ※限定出版

思想家 J.-J. ルソーの自作音楽作品を集めた《孤独な散歩者の夢想》(パリ、1781 年)
胸像の台座にはモンテーニュの言葉が刻まれている。

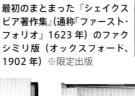
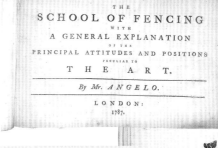

近代フェンシング技法を基礎づけたアンジェロの『フェンシング教本』(ロンドン、1878 年)

海軍軍人でもあったジャン・クラースのペルシャの詩による歌曲《ルバイヤート》(パリ、1924 年)

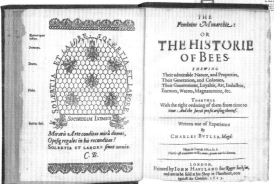

バトラー『女性君主制、あるいは蜂の物語』
(ロンドン、1623 年)
バトラーは蜂の世界は女王が支配することを明らかにした英国の養蜂家。

速記体の『聖書』
(ロンドン、1687 年)
※縦 12cm の豆本

演奏史の記憶

欧米や日本で演奏に用いられた楽譜、指揮者や演奏者の書き込み、コンサートのプログラム、作曲者のサインなど生きた演奏の歴史をとどめ、記憶を甦らせる資料が含まれています。

ベートーヴェン：ピアノ協奏曲《皇帝》スコア
南葵楽堂における全曲日本初演（1918年）で使用。

カミングス自らが指揮した際に用いたヘンデル《メサイア》のスコア。
1884年12月19日の演奏会告知貼付。

R. シュトラウス《アルプス交響曲》のパート譜（バス・チューバ）への書き込み
日本初演で用いられた所蔵楽譜は、その前にアメリカ初演でも使用。

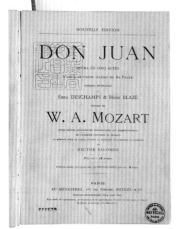

モーツァルト《ドン・ジョヴァンニ》初演100年記念の上演（パリ、1887年）に際し出版されたフランス語版のスコア

太平洋戦争中の1942年、歌舞伎座でおこなわれたワーグナー《ローエングリン》日本初演で使用されたスコアとパート譜

演奏会の会計簿
ロンドン生まれの歌手、作曲家で、渡米しニューヨークのブロードウェイに店を構えてビジネスにも力を注いだCh.E. ホーン（1786-1849）の自筆備忘録から。

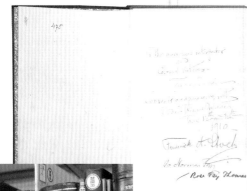

セオドア・トーマス・オーケストラ（シカゴ）のプログラムには、自作の演奏を聴いたF. ブゾーニの謝辞も。

欧米の演奏会プログラム、演奏記録類

J. ホルマンのリサイタル（南葵楽堂、1923年）配布プログラム

南葵楽堂の音楽会予定（1923年）

歴史を彩った音楽と音楽家

本のなかで知るだけの、遠い存在に思えた音楽家や作品が、より身近に感じられるようになる……そうした資料が、南葵音楽文庫とその関連資料のなかに残っています。

1877年5月、ワーグナー自身が指揮をしてロンドンで開催したフェスティバルの豪華なプログラム

チェロの名手J.ホルマンが残した楽譜1000点余のなかには作曲家の自筆署名入りのものが散見されます。

サン＝サーンス

フォーレ

アルベニス

頼貞の署名がある楽譜や蔵書には、往年のピアニスト・名教師レシェティツキの名前も見出せる。

日本滞在中のプロコフィエフが徳川頼貞に贈った献辞のある楽譜

イタリアの作曲家カゼッラが日本とイタリアの現代音楽交流をもちかけた頼貞宛の書簡（1917年）※最後の部分

パリでダンディから贈られた『フランク』

CESAR FRANCK

最晩年のダンディ（絵はがき、1931年）

ジンバリスト夫人からの手紙

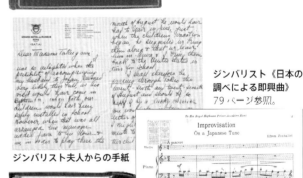

ジンバリスト《日本の調べによる即興曲》79ページ参照。

音楽雑誌に載った毛筆署名

書物の悦楽〜装幀・蔵書票・蔵書印

5世紀にわたる書物には、蒐集家や愛書家の熱意や探究心が、永く美しく所蔵するための工夫が、所蔵者の刻印が、さまざまな形で残されています。

各時代の蔵書印

南葵文庫　　南葵文庫　　南葵楽堂　　南葵音楽図書館

蔵書印により、どの時期に受け入れた資料かが判る。

蔵書印

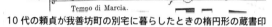

Under the Double Eagle
March.

10代の頼貞が我善坊町の別宅に暮らしたときの楕円形の蔵書印

マルティーニ『音楽史』第1巻
（ボローニャ、1757年）
表見返し左側に所蔵者の蔵書票、その下にカミングスの蔵書票が貼られている。右側にはカミングス自ら「マルティーニの自筆書簡が付されている」など、所蔵本の特徴や価値が記されている。

ExLibris
蔵書票

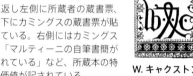

W. キャクストンの出版者票
カミングスの蔵書票はこれを模してつくられている。

キルヒャー
『普遍音楽』の扉

J. ホルマン旧蔵楽譜の
蔵書票

パリの文具店オリジナル紙箋を用いたパート譜のJ.ホルマン自筆タイトル

M. フリートレンダー
受贈本の蔵書票
キルヒャー『普遍音楽』の扉絵がモチーフ。

M. フリートレンダー
自身の寄贈カード

パート譜を使った奏者が書き込んだホルマンのイラスト

使われなかった
徳川頼貞の蔵書票

装幀

南葵音楽図書館における装幀例
ウロボロス（蛇が自分の尾を嚙む図）は、頼貞が留学中に購入した『ニーベルングの指環』がモチーフ。

『ニーベルングの指環』

『使徒書簡および福音書の朗唱法』インキュナブラ
(1500 年頃) 65 ページ（第 5 章　扉　）参照

南葵音楽文庫は、インキュナブラ（15 世紀、揺籃期活版印刷本）以降のさまざまなヨーロッパ楽譜印刷の方法と歴史を、その実物で体験できる日本唯一のミュージアムでもあります。

マルティーニ『音楽史』より「中世ネウマ楽譜の説明」
写本同様に譜線は赤。このページのみ 2 色刷。

長崎の天主堂で用いられたとされる聖歌集（1865 年頃）
上海で印刷

ヴィニェット：楽譜タイトルページにあしらわれた挿画

シューベルトの歌曲《魔王》

コンスタンツェが夫モーツァルトの没後刊行を始めた作品全集第 2 巻

キルヒャー
『普遍音楽』
(ローマ、1650 年)
活版印刷による大著。
活字では困難な挿絵や
曲線の楽譜は彫版を併用。

ソゲのイソップ寓話によるバレエ《牝猫》、クラースの歌曲《泉》
（ともにスノール室内楽シリーズ）

サン＝サーンス　チェロ協奏曲第 2 番（部分）
作品を献呈されたホルマン旧蔵の再校用試し刷り。
左上に印刷社の印、右上に校正確認のサイン。

印刷楽譜に似せた手稿楽譜：グルックのオペラなどで活躍したカストラート歌手ミリコによる《ソプラノのための 13 のアリエッタ》（ナポリ、1780 ～ 1800 年頃）

行方知れずの資料

太平洋戦争末期の疎開後、1999 年に読売日本交響楽団が常時空調された部屋で一括保管を始めるまで、文庫の所在場所は転々としました。関係者の努力にもかかわらず行方がわからない貴重な書籍や楽譜もあります。

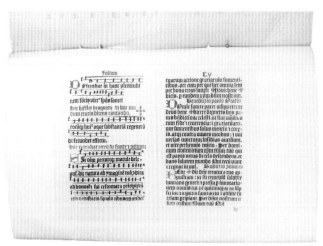

典礼の音楽に言及したインキュナブラ
世界に 6 点のみ現存。写真は『カミングス文庫目録』より。
インキュナブラ『ボエティウス著作集』の行方も不明。

G.F. ヘンデル 《グロリア・パトリ》 筆写楽譜（1707 年）
「この曲は 1707 年 7 月 13 日 ローマにおいてヘンデルが作曲し、自筆にて書き下ろしたる楽譜をコロンナ家の図書係が再び筆写したるものなりとす。惜しむらくは自筆の楽譜はフーゴ・ライヒテントリットのヘンデル伝 96 頁に記せる如く 1860 年クリフトンにおいて祝融に遭いて灰燼に帰したる事なり。依って今吾等が茲に見るコロンナ家より出て、ゴダード Godard 氏の所有に帰し、後にカミングス氏の手に落ち、南葵音楽図書館に移されたる此楽譜のみが信憑すべき唯一の材料となりたるものなり。」（辻荘一） ファクシミリ付き校訂楽譜
南葵音楽図書館 1928 年出版より 80 ページ参照

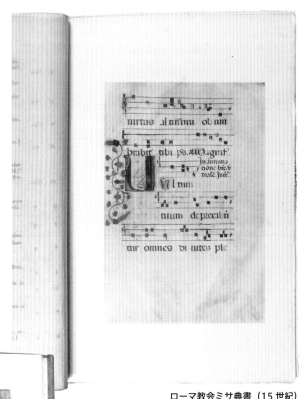

ローマ教会ミサ典書（15 世紀）
彩色写本零葉 羊皮紙

ホメーロス『イリアスとオデュッセイア』（1528 年）
「戦前、麻布飯倉の南葵音楽図書館所蔵のカミングス（イギリスの音楽書の蒐集家）文庫の中に、ホメーロスの『イリアスとオデュッセイア』があったが、この本はエドワード 6 世（ヘンリー 8 世の子、1537-1553）の旧蔵書で王のオートグラフのある珍しいものだが、装丁も王家の蔵書をあらわすように、表表紙にはドラゴン（龍）とユニコーン（一角獣）を組み合わせた王家の紋章があり、裏表紙にはチューダー家のバラの紋章が型押されている。おそらく［王室御用印刷師になったリチャード・］ピンソンの手になったものであろう。」庄司浅水『装丁の歴史（庄司浅水著作集第 7 巻）』（1982 年）より。
なお、左の写真は、庄司浅水『書籍装釘の歴史と実際』（1929 年、慶應義塾図書館蔵）の口絵。

南葵音楽文庫プレオープン
2017年12月3日
和歌山県立図書館

和歌山県立博物館
「南葵音楽文庫 音楽の殿様・頼貞の楽譜コレクション」展
プレオープンと同時に企画展開催。以後も特別展のなかで、さまざまな企画展で貴重資料を展示。

ネイラー作曲「序曲《徳川頼貞》」
演奏：読売日本交響楽団
2017年12月6日　和歌山県民文化会館
1920年に南葵楽堂で初演して以来2度目の演奏が実現。

寄託契約（2016年8月）後、和歌山に運ばれた資料は、2017年12月から順次公開されています。和歌山県立図書館は、資料の閲覧に加え専門家による講座を定期的に催し、和歌山県立博物館による貴重資料の展示、読売日本交響楽団や同楽団員による演奏会、記念のシンポジウムなども開催されています。徳川頼貞が蒐集音楽資料を公開してから1世紀、南葵音楽文庫は新しい歴史を和歌山で刻み始めています。

吹奏楽版「序曲《徳川頼貞》」
演奏：和歌山県警察音楽隊
2019年7月12日　和歌山県立近代美術館・博物館エントランス広場
和歌山県が編曲依頼し、楽譜をインターネットで公開。県下の高校吹奏楽部も演奏。

和歌山県立図書館
書庫の整理済資料
以前のラベルの上部に、今日の分類法によるラベルが貼られている。インターネットを通じ検索可能。

南葵音楽文庫を和歌山へ

　周知のことですが、紀州徳川家は江戸時代を通じてその権勢を誇り、徳川御三家の一翼を担っていた大大名です。江戸時代の大名家の遺産といえば、刀剣類、甲冑、襖絵、屏風、家具、着物、食器や日常品などが想像できます。しかしその紀州徳川家の遺産が姿を変え、わが国の西洋音楽文化の嚆矢とされる重要な歴史史料となりました。これはわれわれの常識を超えた可憐な変身といえないでしょうか。その遺産が和歌山に帰って来ました。

　戦前に形成された南葵音楽文庫は、戦時中も守られ、戦後個人の所有から読売新聞社に移り、その後、読売日本交響楽団にて大切に保管して来たものです。しかし、同交響楽団の定款による制約があるため思うように活用できず、死蔵せざるを得なかった期間が長く続いていました。

　平成26（2014）年に、そういう状況を打開するため、文庫の活用についての提案が、同交響楽団側から和歌山県に寄せられました。調査を経て、仁坂吉伸知事が英断し、紀州徳川家の遺産として、同交響楽団から文庫の寄託を受けることに決定しました。和歌山県では、文庫本体は和歌山県立図書館にて保管・活用し、一部の特別な重要史料は県立博物館に厳重に保管することとなりました。

　3年前から開始した文庫のデータ化が、紀州徳川家初代頼宣公が入国して400年となる令和元（2019）年に作業を終え公表されていますが、われわれは愛でて事足りる遺産を受け入れたのではありません。言わば、どのような花が咲くかわからない種を入手したようなものです。文献は読まねば意味がありません。楽譜は演奏しなければ伝わりません。研究し、調査し、演奏し、体感するという行為を経なければ、どのような花が咲くかわからないのです。文庫が内包する花は一種類ではなく、変幻自在、自由に色・姿を変えながら、やがて何処にもない華やかな花園を和歌山で形成することでしょう。　　　　　　（山東良朗）

南葵文化を訪ねて【文化観光案内】

国内各地を訪ねた徳川頼倫、世界を旅した徳川頼貞。
ふたりと南葵文庫、南葵音楽文庫を知り感じる旅へ
の誘いです。

※アクセス、開館時間、利用方法等はそれぞれのホームページ等でご確認ください。
　和歌山県内については「わかやま歴史物語100」のストーリー087をご覧ください。
http://wakayama-rekishi100.jp/story/087.html

旧東京音楽学校奏楽堂（重要文化財）
http://www.taitocity.net/zaidan/sougakudou/
▶東京都台東区上野公園
頼貞が寄贈したパイプオルガンを設置。展示室にはその説明パネルや構造を説明する模型があり、試奏できる。（44、45ページ参照）

東京国立博物館
本館16室「アイヌと琉球」
https://www.tnm.jp/
▶東京都台東区上野公園
頼貞は、サハリン、千島、北海道や東北の北部に暮らしたアイヌの人びとの独自文化を伝える資料を多数寄贈、くりかえし展示に活用中。

東京文化会館音楽資料室
https://www.t-bunka.jp/library/
▶東京都台東区上野公園
徳川頼貞『薔庭楽話』私家版ほか戦前の音楽資料を多く所蔵。

慶應義塾図書館（重要文化財）
http://www.mita.lib.keio.ac.jp/
▶東京都港区
南葵音楽図書館の寄託資料は、1927年に増築した新書庫（現在は第2書庫、正面左端）の上部に収蔵されていた。

南葵文庫跡
▶東京都港区
現在は港区立麻布小学校。南葵育英会等による解説パネルあり。

旧清明文庫（登録有形文化財）
https://city.ota.tokyo.jp/shisetsu/hakubutsukan/katsu_kinenkan/
▶東京都大田区
1923年開館の図書館で頼倫がその事業を支援。敷地はもと勝海舟別邸。大田区が勝海舟記念館として整備、2019年開館。

聖徳記念絵画館
http://www.meijijingugaien/art-culture/seitoku-gallery/
▶東京都新宿区
頼貞が寄贈した「観菊会」（赤坂御苑、1909年）が飾られている。赤坂御苑は、紀州徳川家の上屋敷（紀州藩赤坂藩邸）であった。

国際基督教大学博物館湯浅八郎記念館
https://subsites.icu.ac.jp/yuasa_museum/
▶東京都立川市
頼倫が移築した松浦武四郎の「一畳敷」を再移築（公開は年1回）、紹介資料などを刊行。

VILLA DEL SOL（登録有形文化財）
https://kai-ryokan.jp/atami/
▶静岡県熱海市伊豆山
旧南葵文庫の一部を再移築。現在は星野リゾートの宿泊施設「界 熱海」（2021年3月現在、休館中）。

有隣園資料館（登録有形文化財）
https://www.gllc.or.jp/project/yurinen/shiryokan.html
▶山梨県富士河口湖町
頼貞が支援した福祉施設有隣園（東京・新宿区）の資料を引き継ぐ。現在は一般財団法人生涯学習開発財団の施設。

南方熊楠邸
https://www.minakata.org/
▶和歌山県田辺市
徳川頼倫に影響を与えた南方熊楠が、37年間暮らし、研究した。頼倫も訪問。隣接する南方熊楠顕彰館では遺品や資料を展示公開。

南葵音楽文庫閲覧室【利用案内】

開室時間は和歌山県立図書館（本館）と同じ。休館日やレファレンスサービス、関連する催しなどの詳細は、図書館のホームページでご確認ください。

https://www.lib.wakayama-c.ed.jp/honkan/

和歌山県立図書館（本館）

開館時間
　火〜金：午前９時〜午後７時
　土日祝：午前９時〜午後６時
休館日
　月曜日、第２木曜日ほか

南葵音楽文庫閲覧室は、県立図書館（本館）閲覧室の右奥（北西）にあります。調査相談カウンターで利用手続きをしてください。

閲覧室前のケースでも展示をしています。

閲覧室内のショーケース展示。

開架式書棚の書籍は自由に閲覧できます。

南葵音楽文庫紀要
毎年３月、和歌山県立図書館で発行。

南葵文華　定期講座「南葵音楽文庫アカデミー」のニュースレター。

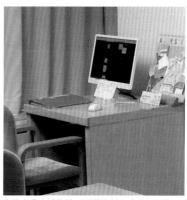

和歌山県立博物館の所蔵資料は高精細画像でご覧いただけます。

紀州徳川400年 南葵音楽文庫案内

2021年3月25日　初版発行

編　　者	和歌山県 教 育 委 員 会
	〒640-8585　和歌山県和歌山市小松原通一丁目1番地
	電話　073-441-3720
	URL　https://www.pref.wakayama.lg.jp/prefg/500000/

寄稿／執筆	徳川宜子／泉　健、近藤秀樹、佐々木勉、山東良朗、篠田大基、美山良夫、林 淑 姫

編　　集	合同会社芸術資源研究所
	〒156-0043　東京都世田谷区松原2-37-12

編集協力	有限会社ティアンドティ・デザインラボ
	〒531-0071　大阪市北区中津7-3-2-1F
	URL　http://www.ttdesign.co.jp/

発 行 者	松田陽三
発 行 所	中央公論新社
	〒100-8152　東京都千代田区大手町1-7-1
	電話　販売03-5299-1730　編集03-5299-1740
	URL　http://www.chuko.co.jp/

印　　刷	図書印刷
製　　本	大口製本印刷

©2021 Wakayama Prefectural Board of Education
Published by CHUOKORON-SHINSHA, INC.
Printed in Japan　ISBN978-4-12-005418-1　C0073